D1654196

FSC
www.fsc.org
MIX
Papier aus verantwortungsvollen Quellen
Paper from responsible sources
FSC® C105338

Christin Günther

Direkte Patientenakquisition –

Das Management von Patientenbeziehungen als neue Herausforderung im Klinikmarketing

Diplomica Verlag GmbH

Günther, Christin: Direkte Patientenakquisition – Das Management von Patientenbeziehungen als neue Herausforderung im Klinikmarketing, Hamburg, Diplomica Verlag GmbH 2013

Buch-ISBN: 978-3-8428-9191-3
PDF-eBook-ISBN: 978-3-8428-4191-8
Druck/Herstellung: Diplomica® Verlag GmbH, Hamburg, 2013

Bibliografische Information der Deutschen Nationalbibliothek:
Die Deutsche Nationalbibliothek verzeichnet diese Publikation in der Deutschen Nationalbibliografie; detaillierte bibliografische Daten sind im Internet über http://dnb.d-nb.de abrufbar.

Das Werk einschließlich aller seiner Teile ist urheberrechtlich geschützt. Jede Verwertung außerhalb der Grenzen des Urheberrechtsgesetzes ist ohne Zustimmung des Verlages unzulässig und strafbar. Dies gilt insbesondere für Vervielfältigungen, Übersetzungen, Mikroverfilmungen und die Einspeicherung und Bearbeitung in elektronischen Systemen.

Die Wiedergabe von Gebrauchsnamen, Handelsnamen, Warenbezeichnungen usw. in diesem Werk berechtigt auch ohne besondere Kennzeichnung nicht zu der Annahme, dass solche Namen im Sinne der Warenzeichen- und Markenschutz-Gesetzgebung als frei zu betrachten wären und daher von jedermann benutzt werden dürften.

Die Informationen in diesem Werk wurden mit Sorgfalt erarbeitet. Dennoch können Fehler nicht vollständig ausgeschlossen werden und die Diplomica Verlag GmbH, die Autoren oder Übersetzer übernehmen keine juristische Verantwortung oder irgendeine Haftung für evtl. verbliebene fehlerhafte Angaben und deren Folgen.

Alle Rechte vorbehalten

© Diplomica Verlag GmbH
Hermannstal 119k, 22119 Hamburg
http://www.diplomica-verlag.de, Hamburg 2013
Printed in Germany

Inhaltsverzeichnis

Abbildungsverzeichnis

Abkürzungsverzeichnis

AAL	Ambient Assisted Living
BIP	Bruttoinlandsprodukt
BPflV	Bundespflegesatzverordnung
CLV	Customer Lifetime Value
CRM	Customer Relationship Management
DKG	Deutsche Krankenhausgesellschaft
DMP	Disease Management Programm
DRG	Diagnosis Related Group
GKV	Gesetzliche Krankenversicherung
GMG	Gesundheitsmodernisierungsgesetz
HSK	Dr.-Horst-Schmidt-Kliniken
HWG	Heilmittelwerbegesetz
IGeL	Individuelle Gesundheitsleistungen
KHEntG	Krankenhausentgeltgesetz
KHG	Krankenhausfinanzierungsgesetz
MBO	Musterberufsordnung für die deutschen Ärztinnen und Ärzte
OECD	Organisation für wirtschaftliche Zusammenarbeit und Entwicklung
PLV	Patient Lifetime Value
PR	Public Relations
PRM	Patient Relationship Management
SGB V	Sozialgesetzbuch, Fünftes Buch
UWG	Gesetz gegen den unlauteren Wettbewerb

1 Einleitung

Das Krankenhaus[1] gilt als zentrale Einrichtung der Gesundheitsversorgung, Zentrum für medizinischen Fortschritt und bedeutender Wirtschaftsfaktor.[2] Im internationalen Vergleich können deutsche Krankenhäuser einen hohen Leistungsstandard aufweisen, dem jedoch hohe Kosten gegenüber stehen.[3] Im Jahr 2010 betrugen die gesamten Gesundheitsausgaben 287,3 Mrd. Euro, wobei allein auf Krankenhäuser ein Betrag von 74,3 Mrd. Euro entfiel.[4]

Als Konsequenz aus den steigenden Gesundheitsausgaben zielt der Gesetzgeber aufseiten der Versorgungsanbieter darauf ab, durch die Einführung und kontinuierliche Erhöhung des Kosten- und Wettbewerbsdrucks, die Wirtschaftlichkeit der Leistungserstellung in den Versorgungseinrichtungen zu verbessern.[5] Durch zahlreiche Veränderungen im Gesundheitssystem und im politischen Umfeld sind Krankenhäuser nun einem immer größer werdenden Wettbewerbsdruck ausgesetzt[6] und sehen sich erstmalig zu einer marktwirtschaftlichen Ausrichtung gezwungen.[7]

Daher bedarf es einer professionellen Vermarktung guter Leistungen, durch die es dem Krankenhaus möglich ist, sich gegenüber Wettbewerbsteilnehmern gut zu positionieren. Ein Management-Ansatz für die aktive und umfassende Gestaltung der Beziehung zwischen den verschiedenen Anspruchsgruppen und dem Krankenhaus wird notwendig.[8] Dieser Ansatz muss in der Lage sein, den zukünftigen und langfristigen Erfolg des Krankenhauses zu sichern.[9]

Die Zielgruppe aller Aktivitäten sind dabei die Kunden.[10] In einem Krankenhaus zählen drei Anspruchsgruppen zu den Kunden: der Patient als Empfänger der Krankenhausleistung, die Krankenversicherung als Kostenträger und letztlich der

---

[1] Krankenhäuser sind „Einrichtungen, in denen durch ärztliche und pflegerische Hilfeleistung Krankheiten, Leiden oder Körperschäden festgestellt, geheilt oder gelindert werden sollen oder Geburtshilfe geleistet wird und in denen die zu versorgenden Personen untergebracht und verpflegt werden können". KHG §1 Abs. 1.
[2] Vgl. Kleinfeld (2002), S. 1.
[3] Vgl. Weilnhammer (2005), S. 1.
[4] Vgl. Statistisches Bundesamt (2012), S. 14f.
[5] Vgl. Sibbel (2011), in: Fischer, Sibbel (Hrsg.), S. 188.
[6] Vgl. Neudam, Haeske-Seeberg (2011), in: Klauber et al. (Hrsg.), S. 81.
[7] Vgl. Weilnhammer (2005), S. 13.
[8] Vgl. Weilnhammer (2005), S. 6.
[9] Vgl. Deutz (1999), S. 2.
[10] Vgl. Neudam, Haeske-Seeberg (2011), in: Klauber et al. (Hrsg.), S. 81.

Einweiser, der die „Kaufentscheidung“ des Kunden wesentlich beeinflusst.[11] Neben Notfalleinweisungen und Verlegungen in andere Häuser, findet der Patient bei elektiven Behandlungen in erster Linie über Einweisungen niedergelassener Ärzte den Weg ins Krankenhaus. Dies betrifft mit 45 Prozent aller Patienten den größten Teil, der dort zu behandelnden.[12] Somit stellt der Einweiser die wichtigste Anspruchsgruppe des Krankenhauses dar.

In diesem Buch steht jedoch die direkte Patientenakquisition und somit der Patient im Mittelpunkt der Betrachtung. Thematisiert wird das Management von Patientenbeziehungen als neue Herausforderung im Klinikmarketing. Dabei soll herausgestellt werden, ob die direkte Patientenakquisition im Rahmen eines Managements von Patientenbeziehungen tatsächlich eine Option zum Erreichen der wirtschaftlichen Ziele eines Krankenhauses darstellt.

Zunächst werden im 2. Kapitel Veränderungstreiber des Krankenhausmarktes dargestellt. Dabei werden politisch-rechtliche und ökonomische Strukturänderungen im Krankenhaussektor aufgeführt, durch die sich Krankenhäuser einem steigenden Wettbewerbsdruck gegenübersehen. Im zweiten Abschnitt dieses Kapitels wird die Rolle des Patienten im Gesundheitserstellungsprozess in den Fokus der Betrachtung gerückt und dessen neu gewonnene Souveränität aufgezeigt. Diese Souveränität macht es letztlich erst möglich, den Patienten als einen Kunden im Unternehmen „Krankenhaus“ betrachten zu können und in der Konsequenz auch zu müssen.

Darauf aufbauend setzt das 3. Kapitel seinen Schwerpunkt auf das beziehungsorientierte Management, dessen Einsatz im Krankenhaus durch die im 2. Kapitel dargestellten Veränderungstreiber begründet ist. Zunächst erfolgen kurze Begriffsdefinitionen und -abgrenzungen. Danach wird das klassische Kundenbeziehungsmanagement in seinen Grundzügen dargestellt. Im zweiten Abschnitt wird im Speziellen auf das Patientenbeziehungsmanagement im Krankenhaus eingegangen. Um das klassische Kundenbeziehungsmanagement jedoch auf das Krankenhaus übertragen zu können, müssen zunächst die Besonderheiten einer Krankhausdienstleistung aufgezeigt werden, die eine einfache Übertragung des Kundenmanagements so nicht möglich machen. Damit sind die Grundlagen gelegt,

---

[11] Vgl. Raab, Drissner (2011), S. 19.
[12] Vgl. Bahar, Wichels (2009), in: Amelung, Sydow, Windeler (Hrsg.), S. 350.

um im weiteren Verlauf des 3. Kapitels schließlich den Patientenbeziehungsmanagement-Ansatz vorstellen zu können.

Um Patienten zu gewinnen und an sich zu binden, muss ein Krankenhaus verschiedene Maßnahmen ergreifen und seine Aktivitäten patientenorientiert ausgestalten. Diese werden im 4. Kapitel dargestellt. Im ersten Abschnitt werden die Ausgestaltungsmöglichkeiten verschiedener Management-Ebenen des Patientenbeziehungsmanagement-Ansatzes dargestellt, wobei hier auch die Verortung von Marketing-Instrumenten stattfindet. Marketing-Maßnahmen bilden dann im zweiten Abschnitt den Schwerpunkt, da sie unverzichtbar sind, um das Interesse potenzieller Patienten für das Krankenhaus zu wecken.

Im 5. Kapitel wird die Bedeutung eines wertorientierten Patientenbeziehungsmanagements hervorgehoben. Hierbei steht der Patient Lifetime Value als Möglichkeit zur Ermittlung des Kundenwertes im Mittelpunkt. Dabei werden dessen Bestandteile und die Bedeutsamkeit einzelner Wertpotenziale aufgezeigt.

Abschließend stellt sich die Frage, ob die direkte Patientenakquisition im Rahmen eines Managements von Patientenbeziehungen tatsächlich eine Option zur Erreichung der wirtschaftlichen Ziele eines Krankenhauses darstellt. Dies wird im 6. Kapitel beantwortet.

Den Abschluss bildet das 7. Kapitel, in dem eine kurze Schlussbetrachtung gezogen und ein Ausblick gegeben wird.

2 Veränderungstreiber auf dem Krankenhausmarkt

Deutschland befindet sich mit seinen Gesundheitsausgaben von 11,6 Prozent des BIP hinter den USA, Niederlande und Frankreich, an vierter Stelle der Welt.[13] Krankenhäuser sind ein wesentlicher Bestandteil des deutschen Gesundheitssystems. Sie haben dabei einen Anteil von fast 26 Prozent an den Gesamtausgaben des deutschen Gesundheitswesens.[14] Krankenhäuser können in drei Gruppen nach Art der Trägerschaft und der Rechtsform eingeteilt werden. Erstens sind dies öffentliche Krankenhäuser, die in öffentlich-rechtlicher Form oder aber auch in privatrechtlicher Form betrieben werden können. Zweitens die freigemeinnützigen, die von Trägern der kirchlichen und freien Wohlfahrtspflege, Kirchgemeinden, Stiftungen, Vereinen unterhalten werden und drittens gibt es die privaten Krankenhäuser, die als gewerbliche Unternehmen einer Konzession nach §30 Gewerbeordnung bedürfen.[15]

Die stationäre Versorgung ist nach wie vor nicht erwerbs-, sondern bedarfswirtschaftlich ausgerichtet und somit ein stark reglementierter und durch staatliche Einflussnahme kontrollierter Markt.[16] Strukturänderungen im Gesundheitsmarkt nehmen aktuell einen sehr großen Einfluss auf die Situation der Krankenhäuser in Deutschland[17] und können daher als Veränderungstreiber bezeichnet werden. Sie resultieren zum einen aus den politisch-rechtlichen und ökonomischen Faktoren und zum anderen aus der sich wandelnden Rolle des Patienten. Nachfolgend werden die Veränderungstreiber näher betrachtet.

2.1 Politisch-rechtliche und ökonomische Veränderungstreiber

In einer Marktwirtschaft funktioniert der Wettbewerb über das Zusammentreffen von Angebot und Nachfrage und den Ausgleich über den Preismechanismus. In fast allen Gesundheitssystemen wird jedoch die Preisbildung für Gesundheitsleistungen vom Staat mehr oder weniger reguliert. Dahinter steht die Vorstellung, dass Patienten im Krankheitsfall weder über genügend Marktransparenz noch über Konsumentensouveränität verfügen. Der deutsche Gesundheitsmarkt ist massiv reguliert. Im Krankenhauswesen geschieht dies vor allem durch die staatliche Investitionslen-

---

[13] Vgl. OECD (2011), S. 151.
[14] Vgl. Statistisches Bundesamt (2012), S. 14f., Der Wert wurde ermittelt aus den Gesamtgesundheitsausgaben und Ausgaben für Krankenhäuser.
[15] Vgl. Heinrich (2011), S. 37.
[16] Vgl. Clausen (2010), S. 19.
[17] Vgl. Weilnhammer (2005), S. 11.

kung, über Krankenhauspläne und staatliche Fördermittel sowie durch staatlich regulierte landes- bzw. bundeseinheitliche Preise[18] in Form von Basisfallwerten.[19]

Die Krankenhausplanung wurde 1972 mit dem Krankenhausfinanzierungsgesetz (KHG) auf die jetzt gültige Basis gestellt.[20] Zweck des KHG ist dabei „die wirtschaftliche Sicherung der Krankenhäuser, um eine bedarfsgerechte Versorgung der Bevölkerung mit leistungsfähigen, eigenverantwortlich wirtschaftenden Krankenhäusern zu gewährleisten und zu sozial tragbaren Pflegesätzen beizutragen."[21]

Von der Grundidee her entspricht die deutsche Krankenhausplanung dem Modell der staatlichen Angebotsplanung, denn die Kapazitäten werden nach vorausgegangener Bedarfsschätzung vom Staat geplant und festgelegt. Diese Festlegung schlägt sich in den Krankenhausplänen der Bundesländer nieder,[22] denn die Länder sind verpflichtet, Krankenhauspläne aufzustellen.[23] Hier werden die bedarfsnotwendigen Krankenhäuser ermittelt. Zumeist orientiert sich die Planung hauptsächlich an der Zahl und Art der Krankenhausbetten einer Region. Zudem muss die Abschätzung für circa 25 Jahre im Voraus erfolgen, da ein Krankenhausbett ungefähr solange genutzt wird.[24] Das Land kann dabei unter Berücksichtigung öffentlicher Interessen und dem Gebot der Vielfalt der Krankenhausträger, zwischen verschiedenen Krankenhäusern entscheiden und jene wählen, die den Zielen der Krankenhausplanung am ehesten gerecht werden.[25]

Krankenkassen dürfen nach §108 SGB V Krankenhausbehandlungen nur durch Krankenhäuser erbringen lassen, die entweder als Hochschulklinik anerkannt sind, die in den Krankenhausplan eines Landes aufgenommen sind, also Plankrankenhäuser, oder durch Krankenhäuser, die einen Versorgungsvertrag mit den Landesverbänden der Krankenkassen oder den Verbänden der Ersatzkassen abgeschlossen haben.[26] Plankrankenhäuser haben dahingehend Privilegien, dass Krankenkassen mit

---

[18] Die landesweiten Basisfallwerte werden bis 2014 schrittweise an einen bundeseinheitlichen Basisfallwertkorridor angeglichen. Vgl. KHEntG §10 Abs. 8.
[19] Vgl. Neubauer, Beivers, Paffrath (2011), in: Klauber et al. (Hrsg.), S. 150.
[20] Vgl. Schönbach, Wehner, Mahlzahn (2011), in: Klauber et al. (Hrsg.), S. 182.
[21] KHG §1 Abs. 1.
[22] Vgl. Neubauer, Ujlaky, Beivers (2010), in: Busse, Schreyögg, Tiemann (Hrsg.), S. 235.
[23] Vgl. KHG §6 Abs. 1.
[24] Vgl. Neubauer, Ujlaky, Beivers (2010), in: Busse, Schreyögg, Tiemann (Hrsg.), S. 237.
[25] Vgl. KHG §8 Abs. 2.
[26] Vgl. SGB V §108.

ihnen Versorgungsverträge schließen müssen.[27] Durch den Kontrahierungszwang für Krankenkassen erhalten Plankrankenhäuser somit eine Lizenz zur Abrechnung von Krankenhausleistungen.[28]

Das System der Krankenhausfinanzierung wird als dualistisch bezeichnet.[29] Es unterscheidet nach §4 KHG zwischen einer Investitionsfinanzierung und einer Betriebsfinanzierung. Im Rahmen der Investitionsfinanzierung werden die Investitionskosten eines Krankenhauses ganz oder zum Teil durch öffentliche Förderungen der Länder aufgebracht.[30] Ist ein Krankenhaus einmal in den Plan eines Landes aufgenommen, hat es einen Anspruch auf öffentliche Investitionsförderung.[31] Des Weiteren können die Länder die Wiederbeschaffung kurzfristiger Anlagegüter und kleiner baulicher Maßnahmen durch feste jährliche Pauschalbeträge fördern. Mit dieser Pauschalförderung kann das Krankenhaus im Rahmen der Zweckbindung der Fördermittel frei wirtschaften.[32] Zudem sollte gemäß §10 KHG seit Januar dieses Jahres auch die Möglichkeit bestehen, eine Investitionsförderung über leistungsorientierte Investitionspauschalen zu realisieren. Dabei werden Investitionspauschalen nach einer bestimmten Bewertungsrelation an die DRG-Systematik[33] geknüpft. Die Entscheidung zwischen der herkömmlichen Einzel- und Pauschalförderung oder einer leistungsorientierten Förderung soll zudem weiterhin den Ländern obliegen. Dieses Vorhaben kann jedoch aufgrund von Schwierigkeiten in der Umsetzung erst frühestens 2013 erfolgen.[34]

Die Fördermittel der Länder sind laut Deutscher Krankenhausgesellschaft (DKG) innerhalb von 10 Jahren seit 1998 real um 34,5 Prozent zurückgegangen.[35] Die Länder sind nicht in der Lage, die Finanzmittel zur Verfügung zu stellen, die notwendig sind, um im Leistungswettbewerb mit anderen Krankenhäusern bestehen zu können, und so beispielsweise in die EDV-Infrastruktur oder in neue medizinisch-technische Geräte investieren zu können.[36] Die Mindestinvestitionsrate eines Akutversorgungshauses sollte bei circa 10 Prozent liegen. Die durch Fördermittel im

---

[27] Vgl. Neubauer, Ujlaky, Beivers (2010), in: Busse, Schreyögg, Tiemann (Hrsg.), S. 237.
[28] Vgl. Schönbach, Wehner, Mahlzahn (2011), in: Klauber et al. (Hrsg.), S. 182.
[29] Vgl. Heinrich (2011), S. 32.
[30] Vgl. KHG §4.
[31] Vgl. KHG §8 Abs. 1.
[32] Vgl. KHG §9 Abs. 3.
[33] Zur Erklärung der DRG-Systematik siehe Seite 7.
[34] Vgl. KHG §10 Abs. 1. i.V.m. Laufer, Mörsch (2011).
[35] Vgl. Deutsche Krankenhausgesellschaft (2009), S. 66.
[36] Vgl. Heinrich (2011), S. 42f.

Jahr 2008 getätigten Investitionen betrugen jedoch lediglich 5 Prozent des Umsatzes.[37] Die Fördermittel reichen zur Deckung der Investitionen nicht aus und es ergibt sich dadurch ein Finanzierungsdefizit, welches durch Eigenfinanzierung der Krankenhäuser unter anderem aus den Vergütungen der Krankenhausleistungen querfinanziert werden muss. Es ist festzuhalten, dass die Länder ihrem gesetzlichen Auftrag zur Investitionskostenfinanzierung nicht nachkommen.[38]

Zur Deckung der laufenden Betriebskosten im Rahmen der Betriebsfinanzierung dienen zum einen die Erlöse aus den Pflegesätzen und zum anderen die Erlöse aus der Vergütung für vor- und nachstationäre Behandlungen und für ambulantes Operieren.[39] Die laufenden Betriebskosten werden durch die Patienten bzw. durch deren Kostenträger, den gesetzlichen und privaten Krankenversicherungen, finanziert.[40]

Den wichtigsten Teil der Betriebsfinanzierung stellen jedoch die Erlöse aus den Pflegesätzen dar. Die allgemeinen Krankenhausleistungen, die unter Berücksichtigung der Leistungsfähigkeit des Krankenhauses im Einzelfall nach Art und Schwere der Krankheit für die medizinisch zweckmäßige und ausreichende Versorgung des Patienten notwendig sind,[41] werden durch ein leistungsorientiertes und pauschalierendes Vergütungssystem vergütet.[42] Jeder Behandlungsfall eines Patienten wird dabei in einem ersten Schritt einer Diagnosis Related Group (DRG) zugeordnet. Mit deren Hilfe lässt sich die Leistung eines Krankenhauses messen. Sie bildet damit eine Basis für die Finanzierung, Budgetierung und Abrechnung.[43] Für die einzelnen DRGs sind im Fallpauschalenkatalog Bewertungsrelationen, also Kostengewichte, angewiesen, die die grundsätzliche Vergütung der DRGs im Verhältnis zueinander beschreiben. Auf Landesebene vereinbaren die Landesverbände der Krankenkassen, die Ersatzkassen und der Landesausschuss des Verbandes der privaten Krankenversicherung mit der jeweiligen Landeskrankenhausgesellschaft jährlich einen landesweiten, für alle Krankenhäuser gültigen Basisfallwert. Der fixierte Basisfallwert wird mit der über die DRG-Systematik ermittelten effektiven Bewertungsrelation

---

[37] Vgl. Augurzky et al. (2010), S. 102.
[38] Vgl. Malzahn, Wehner (2010), in: Klauber, Geraedts, Friedrich (Hrsg.), S. 113f.
[39] Vgl. KHG §4 Nr. 2.
[40] Vgl. Heinrich (2011), S. 33.
[41] Vgl. KHEntG §2 Abs. 2.
[42] Vgl. Heinrich (2011), S. 33.
[43] Vgl. InEK (2011), S. 2.

multipliziert, sodass sich ein Preis für die erbrachten Leistungen eines Falles ergibt. Zudem werden sie ergänzt um Zu- bzw. Abschläge, die sich aus der Über- und Unterschreitung von sogenannten Grenzverweildauern sowie der Verlegung von Patienten ergeben.[44]

Je kürzer die Verweildauer, desto höher ist der Erlös pro Tag. Nach dem Erreichen der oberen Grenzverweildauer bleibt der durchschnittliche Tageserlös konstant. Dieser Betrag ist im Verhältnis zum durchschnittlichen Tageserlös bei durchschnittlicher Verweildauer jedoch so gering, dass eine Fallkostendeckung kaum mehr möglich ist. Dadurch besteht kein finanzieller Anreiz, die Verweildauer zu verlängern. Die Gefahr, durch Verkürzung der Verweildauer kurzfristig die Erträge zu steigern, besteht weiter, jedoch muss bedacht werden, dass die untere Grenze so niedrig gelegt ist, dass es bei Unterschreitung meist zu einer „blutigen" Entlassung käme, die dann wiederum zu Qualitäts- und Imageverlusten führen würde und somit langfristig zu einer sinkenden Nachfrage nach Krankenhausleistungen. Die daraus resultierende Wiederaufnahme des Falls führt dann aber zu keiner neuen abrechenbaren DRG, sondern zu einer Neueinstufung des ursprünglichen Falls.[45]

Mit den Krankenkassen wird stattdessen grundsätzlich prospektiv auf Basis eines Case-Mix ein Budget für das Folgejahr verhandelt.[46] Jeder DRG wird ein Kostengewicht zugewiesen. Die Summe aller Kostengewichte einer Periode eines Krankenhauses wird als Case-Mix bezeichnet. Der Quotient aus Case-Mix und Fallzahl entspricht dem Case-Mix-Index. Er ist ein Maß der durchschnittlichen Leistungsintensität bzw. der durchschnittlichen ökonomischen Komplexität der behandelten Fälle und ist unabhängig von der Leistungsmenge eines Krankenhauses.[47]

Wird das verhandelte Leistungsvolumen nicht erreicht, sieht der Gesetzgeber Ausgleichszahlungen vor. Das Krankenhaus zahlt für jeden über den Plan erbrachten Case-Mix-Punkt 65 Prozent an die Krankenkasse zurück und behält 35 Prozent selbst ein. Bei Nichterreichen des Planes werden die Mindererlöse mit 20 Prozent ausgeglichen. Das heißt, das Krankenhaus erhält für nicht erbrachte Leistungen immerhin noch einen Erlös von 20 Prozent[48] und hat somit den Antrieb, den geplan-

---

[44] Vgl. Heinrich (2011), S. 35f.
[45] Vgl. Fleßa, Weber (2010), in: Busse, Schreyögg, Tiemann (Hrsg.), S. 361.
[46] Vgl. Fleßa, Weber (2010), in: Busse, Schreyögg, Tiemann (Hrsg.), S. 362.
[47] Vgl. Fleßa, Weber (2010), in: Busse, Schreyögg, Tiemann (Hrsg.), S. 360.
[48] Vgl. Heinrich (2011), S. 37; Fleßa, Weber (2010), in: Busse, Schreyögg, Tiemann (Hrsg.), S. 362.

ten Case-Mix zumindest zu erreichen. Liegt der Fixkostenanteil[49] sogar über 65 Prozent, besteht ein Anreiz, das Leistungsvolumen auszuweiten, da ein Gewinn möglich ist. Diese Ausgleichssystematik impliziert, dass Krankenhäuser, die ihren geplanten Case-Mix nicht erreichen, tendenziell ihre Fixkosten nicht decken können.[50] Betten, die nicht genutzt werden, sind als reine Fixkostentreiber anzusehen.[51]

Langfristig führt ein zu geringer Case-Mix zum Konkurs, was vom Gesetzgeber auch so vorgesehen ist. Einrichtungen, die für die Einzugsbevölkerung unattraktiv sind und damit eine geringe Nachfrage haben, werden mittelfristig aus dem Markt gedrängt.[52] Der Gesetzgeber wollte mit der Einführung der DRGs die stationären Kapazitäten indirekt reduzieren und initiieren, dass Krankenhäuser, die mit ihren Kosten über den Erlösen liegen, ihre Strukturen und Prozesse anpassen, um wenigstens einen ausgeglichenen Jahresabschluss zu erzielen.[53] Anreize, Erträge über die Verweildauer zu generieren, sind tatsächlich verloren gegangen,[54] denn durch die Einführung der DRG-Systematik ist es zu verkürzten Verweildauern gekommen. Im Gegenzug wurden die vorgehaltenen Planbetten jedoch nur in einem unterproportionalem Maß abgebaut.[55] Daher fällt Deutschland im internationalen Vergleich durch eine hohe Bettendichte auf. Im Jahr 2009 betrug diese 8,2 Betten pro 1.000 Einwohner, wobei der OECD-Durchschnitt bei 4,9 Betten lag.[56] Das spiegelt sich auch in der Rate der Bettenauslastung wider. Hieran kann abgelesen werden, ob die Betten tatsächlich genutzt werden.[57] In Deutschland lag diese im Jahr 2010 bei 77,4 Prozent. Bei insgesamt 502.769 Betten sind das 113.626, die leer blieben.[58] Der von den meisten Ländern vorgegebene Mindestauslastungsgrad von 85 Prozent wird damit um 7,6 Prozent unterschritten.[59]

---

[49] Fixkosten sind die festen Kosten des laufenden Betriebs, aber hier gerechnet ohne Kosten für Gebäude und Geräte, da diese im Rahmen der dualen Finanzierung von den Ländern bereits finanziert werden. Vgl. Fleßa, Weber (2010), in: Busse, Schreyögg, Tiemann (Hrsg.), S. 362f.
[50] Vgl. Fleßa, Weber (2010), in: Busse, Schreyögg, Tiemann (Hrsg.), S. 362.
[51] Vgl. Geissler, Wörz, Busse (2010), in: Klauber, Geraedts, Friedrich (Hrsg.), S. 27.
[52] Vgl. Fleßa, Weber (2010), in: Busse, Schreyögg, Tiemann (Hrsg.), S. 362.
[53] Vgl. Geissler, Wörz, Busse (2010), in: Klauber, Geraedts, Friedrich (Hrsg.), S. 38.
[54] Vgl. Fleßa, Weber (2010), in: Busse, Schreyögg, Tiemann (Hrsg.), S. 362.
[55] Vgl. Neubauer, Beivers (2010), in: Klauber, Geraedts, Friedrich (Hrsg.), S. 9; Heinrich (2011), S. 30.
[56] Vgl. OECD (2011), S. 85.
[57] Vgl. Geissler, Wörz, Busse (2010), in: Klauber, Geraedts, Friedrich (Hrsg.), S. 27.
[58] Vgl. Statistisches Bundesamt (2012).
[59] Vgl. Weigl (2008), S. 2.

Die staatlichen Krankenhausplanungen in den einzelnen Bundesländern haben letztlich die Verkürzungen der Verweildauer unterschätzt, wodurch es zu Überkapazitäten kam.[60] Die Bundesländer haben allerdings aufgeschoben, ihre Zielvorgaben entsprechend anzupassen. „Es scheint grundsätzlich schwierig, mit den derzeitigen Verfahren der Krankenhausplanung genau die Kapazitäten zu prognostizieren, die auch beansprucht werden. Schwankungen der Inanspruchnahme der Kapazitäten, insbesondere der Reservekapazitäten, sind als gegeben anzusehen und auf diese Art nicht „wegzuplanen".“[61]

Die entstandenen Bettenüberhänge werden nur ungern abgebaut. Ein Grund dafür ist, dass für Krankenhausbetten entsprechendes Personal vorgehalten wird, dieses jedoch aufgrund der restriktiven Arbeitsgesetzgebung nur langsam abgebaut wird.[62] Des Weiteren ist anzumerken, dass die staatlichen Fördermittel oftmals noch an der Anzahl der Betten anknüpfen.[63] So werden Kapazitäten teilweise nur zum reinen Selbstzweck betrieben.[64]

Wollen sie ihre Bettenzahl behalten, müssen bei verkürzter Verweildauer mehr Patienten behandelt werden. Die hohen Fixkosten und die dadurch notwendige hohe Kapazitätsauslastung machen Krankenhäuser bereits für einen geringen Nachfragerückgang hoch sensibel.[65]

Ein Wettbewerbstreiber liegt zudem darin, dass vormals stationäre Behandlungen nun auch ambulant durchführt werden können.[66] Die Auslagerung von Versorgungsleistungen aus dem stationären in den ambulanten Sektor wird auch als „Ambulantisierung“ bezeichnet. Zum einen wollte man damit auf den durch die demografische Alterung und Zunahme chronischer Erkrankungen verursachten Wandel der gesundheitlichen Problemlagen der Bevölkerung reagieren. Zum anderen wollte man dadurch die Nutzung kostenintensiver stationärer Versorgungsangebote einschränken, den stationären Sektor entlasten und den Ausgabenanstieg im Gesundheitswe-

---

[60] Vgl. Neubauer, Beivers (2010), in: Klauber, Geraedts, Friedrich (Hrsg.), S. 6; Neubauer, Ujlaky, Beivers (2010), in: Busse, Schreyögg, Tiemann (Hrsg.), S. 235.
[61] Schönbach, Wehner, Mahlzahn (2011), in: Klauber et al. (Hrsg.), S. 185.
[62] Vgl. Neubauer, Beivers (2010), in: Klauber, Geraedts, Friedrich (Hrsg.), S. 6.
[63] Vgl. Neubauer, Ujlaky, Beivers (2010), in: Busse, Schreyögg, Tiemann (Hrsg.), S. 235.
[64] Vgl. Geissler, Wörz, Busse (2010), in: Klauber, Geraedts, Friedrich (Hrsg.), S. 38.
[65] Vgl. Neubauer, Ujlaky, Beivers (2010), in: Busse, Schreyögg, Tiemann (Hrsg.), S. 245.
[66] Vgl. Geraedts (2010), in: Klauber, Geraedts, Friedrich (Hrsg.), S. 101.

sen bremsen.[67] Nun stehen nicht nur Krankenhäuser untereinander im Wettbewerb um Patienten, sondern auch zusätzliche Wettbewerber, wie beispielsweise ambulante Spezialpraxen.[68]

Die Unternehmensberater von Ernst & Young sehen laut einem Gutachten aus dem Jahr 2005 zur Gesundheitsversorgung 2020 für kommunale Krankenhäuser geringe Überlebenschancen. Sie sagen einen Rückgang von 70 Prozent voraus, der aber zum Teil durch Privatisierung ausgeglichen wird. Begründet wird diese Prognose vor allem mit wirtschaftlichem Druck und knappen Kassen der öffentlichen Hand sowie dem technologischen und medizinischen Fortschritt, der unter anderem kürzere stationäre Aufenthalte ermöglicht. Man geht weiterhin davon aus, dass von diesen Schließungen vor allem die kleineren Krankenhäuser in ländlichen Regionen betroffen sein werden.[69] Besonders die Alterung der Gesellschaft in Verbindung mit der Abwanderung der Jüngeren, aus strukturschwachen Regionen, führt zu Bevölkerungs- und damit Krankenhausnachfragerückgängen, was einen wirtschaftlichen Betrieb der Krankenhäuser in diesen Regionen zunehmend erschwert.[70]

Durch die sinkenden Fördermittel, dem zunehmenden Investitionsbedarf und dem wachsenden ökonomischen Druck am wettbewerbsorientierten Markt verschob sich im Laufe des letzten Jahrzehnts der Anteil öffentlicher in Richtung privater Krankenhäuser.[71] Im Jahr 2010 wurde mit 679 privaten Krankenhäusern von gesamt 2.064 bereits ein Marktanteil von rund 33 Prozent generiert.[72] 2006 lag dieser noch bei rund 28 Prozent.[73] Die fehlenden staatlichen Investitionsförderungen erschweren es immer mehr Krankenhäusern, durch Rationalisierungsmaßnahmen ihre Betriebskosten zu senken und somit am stark wettbewerbsorientierten Markt bestehen zu bleiben. Hier haben private Krankenhäuser und besonders Klinikketten einen Vorteil gegenüber öffentlichen oder freigemeinnützigen Krankenhäusern. Je nach Rechtsform stehen ihnen neben der staatlichen Förderung Kapitalquellen wie die Börse bei aktiennotierten Unternehmen, Bankdarlehen oder Gelder privater Investoren zur

---

[67] Vgl. Schaeffer, Ewers (2001), S. 13.
[68] Vgl. Fuchs (2003), in: Hermanns, Hanisch (Hrsg.), S. 43f.; Weilnhammer (2005), S. 11.
[69] Vgl. Böhlke, Söhnle, Viering (2005), zitiert nach Geraedts (2010), in: Klauber, Geraedts, Friedrich (Hrsg.), S. 98.
[70] Vgl. Geraedts (2010), in: Klauber, Geraedts, Friedrich (Hrsg.), S. 101.
[71] Vgl. Reschke (2010), in: Klauber, Geraedts, Friedrich (Hrsg.), S. 150.
[72] Vgl. Deutsche Krankenhausgesellschaft (2010).
[73] Vgl. Weigl (2008), S. 8ff.

Verfügung. Durch die Möglichkeit eines schnelleren und autonomen Agierens am Markt ergibt sich ein Wettbewerbsvorteil.[74]

Auch die Mindestmengenregelung nach §137 SGB V[75] unterstützt die zunehmende Privatisierung, da gerade die kleinen bis mittleren Krankenhäuser veranlasst sind, sich in größere auch private Verbünde zu integrieren, um so über Spezialisierungen innerhalb des Verbundes die kritischen Leistungsmengen zu erreichen.[76]

Private Krankenhäuser orientieren sich vordergründig an der Erzielung von Gewinnen und haben deshalb ein natürliches Interesse daran, die Effizienz ihrer Prozesse zu verbessern. Dadurch üben sie einen zusätzlichen Druck auf Krankenhäuser in öffentlicher oder freigemeinnütziger Trägerschaft aus, bei denen bis dato primär die Bedarfsdeckung im Rahmen des Versorgungsauftrages im Vordergrund steht.[77] Die Privatisierungstendenzen im Bereich der öffentlichen Krankenhäuser tragen dazu bei, dass sich eine verstärkte Konkurrenz um den Patienten entwickelt.[78]

So wie das Gesundheitssystem im Ganzen, befindet sich auch der Krankenhaussektor in einer „Phase des umfassenden Strukturwandels“.[79] Die Verschärfung des Wettbewerbs lässt sich auf das Zusammenspiel verschiedener Faktoren zurückführen. Durch die Krankenhausplanung der Länder in Verbindung mit der Leistungsvergütung über DRGs, der damit einhergehenden Verkürzung der Verweildauern, der bis dato schlechten Anpassung der Bettenkapazitäten, der bestehenden Investitionslücke, der Ambulantisierung und der voranschreitenden Tendenz zur Privatisierung stehen Krankenhäuser neuen Herausforderungen gegenüber. Sie müssen mehr Patienten behandeln, um die hohen Fixkosten decken zu können. Der Druck auf die unrentablen Krankenhäuser nimmt weiter zu. Eine verstärkte Ausrichtung an Wirtschaftlichkeitszielen wird somit unabdingbar. Sie müssen sich folglich immer mehr an die Prinzipien und Herangehensweisen von Wirtschaftsunternehmen orientieren, um sich letztlich im wachsenden Wettbewerb behaupten zu können.[80]

---

[74] Vgl. Reschke (2010), in: Klauber, Geraedts, Friedrich (Hrsg.), S. 153.
[75] Mit Bezug auf die Qualitätssicherung dürfen Leistungen nicht erbracht werden, die die erforderliche Mindestmenge bei planbaren Leistungen voraussichtlich nicht erreichen. Vgl. SGB V §137.
[76] Vgl. Heinrich (2011), S. 43.
[77] Vgl. Heinrich (2011), S. 9.
[78] Vgl. Deutz (1999), S. 18.
[79] Vgl. Weilnhammer (2005), S. 1.
[80] Vgl. Neudam, Haeske-Seeberg (2011), in: Klauber et al. (Hrsg.), S. 82, Heinrich (2011), S. 44. Jedoch sei an dieser Stelle angemerkt, dass durch die im KHG festgelegte Trägervielfalt davon

2.2 Der souveräne Patient als Veränderungstreiber

Die Beziehung zwischen Arzt und Patient kann mittels verschiedener soziologischer Ansätze beschrieben und im Hinblick auf den Grad der Einflussmöglichkeiten, der als zentraler Parameter für die Souveränität eines Patienten in der Leistungsbeziehung gilt, differenziert werden.[81] Historisch gesehen ist die älteste Rollendefinition zwischen Arzt und Patient im „Paternalismus" zu sehen.[82] Der paternalistische Ansatz beschreibt die Beziehung zwischen Arzt und Patient als eine Art „Vater-Kind-Verhältnis". Der Arzt gibt Anweisungen an den Patienten, die dieser zu seinem eigenen Wohl zu erfüllen hat, unabhängig davon, ob er diese versteht oder nicht. Die Transparenz über das Therapieziel oder den Therapieplan ist hier lediglich als unterstützender Faktor bei der Durchführung der Behandlung notwendig.[83] Die Zustimmung zur Behandlung ist der einzige Punkt, an dem der Patient einen wirklichen Einfluss hat.[84]

Eine andere Rollendefinition findet sich im partnerschaftlichen Modell wieder. Dieses sieht eine quasi-gleichberechtigte Rolle des Patienten und des Arztes am Heilungsprozess vor. Beide nehmen dabei unterschiedliche Rollen ein. Die Aufgabe des Arztes liegt darin, den Patienten durch Aufklärung und Information in die Lage zu versetzen, eine eigene Entscheidung zu treffen und damit „mündig" zu machen.

Die Rolle des Patienten als tatsächlich frei entscheidender Konsument von Gesundheitsleistungen findet sich schließlich im Konsumerismus wieder. In diesem Ansatz kommt dem Patienten sowohl die Funktion des Entscheiders als auch die der Selbstinformation zu. Voraussetzung dafür ist ein hohes Maß an Transparenz über die Leistungsinhalte und mit steigendem Zuzahlungsanteil der Patienten auch über die Kosten. Aufgrund der höheren Selbstinformation ist der Patient in der Lage, eigenständige Präferenzen zu bilden und eine Kaufentscheidung zu treffen. Die Entscheidung fällt letztlich unabhängig von der Beratung des Arztes, der hier

---

ausgegangen werden kann, dass auch in Zukunft hier keine rein marktwirtschaftliche Gestaltung der Krankenhausanzahl erfolgt. Vgl. Geraedts (2010), in: Klauber, Geraedts, Friedrich (Hrsg.), S. 102 i.V.m. KHG §1 Abs. 2.

[81] Vgl. Weilnhammer (2005), S. 132.

[82] Vgl. Dierks, Schwartz (2001), in: Dierks et al. (Hrsg.), S. 7.

[83] Vgl. Weilnhammer (2005), S. 132f.

[84] Vgl. Dierks, Schwartz (2001), in: Dierks et al. (Hrsg.), S. 89.

lediglich als Leistungserbringer auftritt. Somit wird ein marktwirtschaftlicher Prozess in Gang gesetzt.[85]

Aufgrund des gesellschaftlichen Status und des bereits im 19. Jahrhundert begründeten hohen Selbstbewusstseins der Ärzte war eine gleichberechtigte Arzt-Patienten-Beziehung undenkbar. Das Autoritätsgefälle lag vor allem im Wissensmonopol der Ärzteschaft begründet und gewährleistete ihm dadurch die ausschließliche Entscheidungsmacht über Indikationen und Interventionen.[86] In der Vergangenheit wurden die Patienten als jene betrachtet, deren einziger Anspruch darin lag, dass das Leiden rasch beseitigt wird.[87] Der Patient hatte sich den Entscheidungen des Arztes als erduldender, unmündiger Kranker zu fügen.[88] „In kaum einer anderen Position als der des Patienten wird den Menschen fast automatisch ein so hohes Maß an Unmündigkeit unterstellt."[89]

Durch Trends in Bildung, gesellschaftlichem Diskurs und durch den informationstechnologischen Fortschritt wird der Wandel des Patienten vorangetrieben und ermöglicht.[90] Bei den sozialpsychologischen Veränderungen kann in den letzten beiden Jahrzehnten in den westlichen Industrienationen ein Trend zu erhöhtem Gesundheitsbewusstsein festgestellt werden. Die Gesundheit wird mittlerweile als einer der wichtigsten Lebensaspekte gesehen.[91] Der Wertewandel hat einen starken Einfluss auf die Rolle des Patienten im Gesundheitswesen.[92] „Dem tradierten und überwiegend paternalistisch bestimmten Rollenverständnis von Patient und Arzt treten somit kontrapunktische Entwicklungen entgegen, in denen der klassische Heilauftrag – Heilen – Lindern – Vorbeugen – immer mehr zugunsten einer Kunden-Leistungserbringer-Konstellation weicht."[93] Die Patienten sehen sich immer weniger als rein passive und gefügige Leistungsobjekte und -empfänger, sondern mehr als nachfragende Leistungsnehmer, die gemäß ihren Bedürfnissen eine möglichst adäquate Dienstleistung suchen und in Anspruch nehmen. Es wächst die

---

[85] Vgl. Weilnhammer (2005), S. 134.
[86] Vgl. Dierks, Schwartz (2001), in: Dierks et al. (Hrsg.), S. 8.
[87] Vgl. Deutz (1999), S. 21.
[88] Vgl. Dierks, Schwartz (2001), in: Dierks et al. (Hrsg.), S. 8.
[89] Etgeton (2011), in: Fischer, Sibbel (Hrsg.), S. 40.
[90] Vgl. Fleige, Philipp (2011), in: Fischer, Sibbel (Hrsg.), S. 107.
[91] Vgl. Weilnhammer (2005), S. 59.
[92] Vgl. Sibbel (2011), in: Fischer, Sibbel (Hrsg.), S. 190.
[93] Weilnhammer (2005), S. 164.

Anspruchshaltung der Patienten an die Medizin und das an Versorgungssystem.[94] Patienten formulieren ihre Versorgungsansprüche selbstständiger, individualisieren ihre Wahl und Beurteilung von Krankenhausanbietern und entwickeln sich darüber hinaus zu proaktiven „Gesundheitskonsumenten“, die verstärkt Verantwortung für ihren aktuellen Gesundheitsstatus sowie für entsprechende Krankheitspräventionsmaßnahmen übernimmt.[95]

Die paternalistische Sichtweise der Arzt-Patienten-Beziehung hat somit zugunsten der partnerschaftlichen Beziehungsstrukturen an Ansehen verloren.[96] Sogar ein Trend hin zum Konsumerismus mit dem Patienten in einer für den Gesundheitssektor spezifischen Kundenrolle ist zu verzeichnen.[97]

Das partnerschaftliche Modell wird heute von den meisten Ärzten vertreten.[98] Doch auch weiterhin stehen einige Faktoren der voll-souveränen Konsumentenrolle des Patienten entgegen. Der paternalistische Ansatz wird künftig auch dann eine wichtige Rolle einnehmen, wenn der Patient diese Art der Leistungsbeziehung entweder erwartet oder aufgrund von psychischen Erkrankungen, aber auch physischen Beeinträchtigungen nicht in der Lage ist, eine andere Rolle einzunehmen, wie es beispielsweise in der Akutversorgung der Fall ist.[99]

Die für eine rationale Entscheidung im Krankenhausfall notwendigen Informationen sind auch weiterhin asymmetrisch zwischen Arzt und Patient verteilt. Der Patient besitzt einen Informationsvorsprung hinsichtlich seines behandlungsbegleitenden Verhaltens, der Arzt einen deutlichen Informationsvorsprung im Bereich medizinischer Möglichkeiten, Notwendigkeiten und Kosten.[100] Informationen kann der Patient zwar vor seinem Erfahrungshintergrund und seinen kognitiven Fähigkeiten reflektieren, das wissenschaftlich begründete Verständnis kann er nicht aufbringen.[101] Der Patient muss somit, trotz Aufklärungspflicht seitens des Arztes und der

---

[94] Vgl. Sibbel (2011), in Fischer, Sibbel (Hrsg.), S. 190.
[95] Vgl. Fleige, Philipp (2011), in: Fischer, Sibbel (Hrsg.), S. 108.
[96] Vgl. Clausen (2010), S. 44.
[97] Vgl. Weilnhammer (2005), S. 164.
[98] Vgl. Weilnhammer (2005), S. 134.
[99] Vgl. Weilnhammer (2005), S. 132f.
[100] Vgl. Cassel (2002), in: Arnold, Klauber, Schellschmidt (Hrsg.), S. 10.
[101] Vgl. Dierks, Schwartz (2001), in: Dierks et al. (Hrsg.), S. 2.

Klinik, auf Grundlage eines Informationsnachteils wichtige Entscheidungen treffen.[102]

Gouthier fasst die Entwicklungsstufe hin zu einem souveränen Patienten, der die Befähigung zur aktiven Bewältigung seiner gesundheitsbezogenen Situationen besitzt, als Patienten-Empowerment zusammen.[103] Dabei unterscheidet er zwischen individuellem, kollektivem und strukturellem Empowerment.[104]

Das *individuelle Empowerment* beschreibt dabei die Individualisierung und Qualifizierung des Patienten. Die Integrativität des Kunden im Gesamtprozess der Erstellung von Gesundheitsleistungen nimmt zu, wobei der Patient zunehmend eine Kontroll-, Entscheidungs- und Steuerungsfunktion übernimmt. Der Anteil an Selbstdiagnose, -medikation und -pflege steigt. Dabei wandelt sich die Sichtweise des Patienten auf die Rolle des Arztes vom Entscheider hin zu einem Berater.[105] Durch die verschiedenen Medien ist das Thema Gesundheit in der Öffentlichkeit präsenter geworden. Der Patient kann sich in verschiedenen Medien über die Qualität der Leistung von Ärzten und Krankenhäusern informieren. Auch sind der Mobilität fast keine Grenzen mehr gesetzt. Im Bereich der Notfallpatienten wird ein Standortvorteil zwar nie ganz verschwinden, aber für elektive Leistungen werden heute schon weitere Wege in Kauf genommen.[106]

Das *kollektive Empowerment* ist dadurch gekennzeichnet, dass sich Profipatienten herausbilden, die ein sehr aktuelles und detailliertes Wissen über die sie betreffende medizinische Indikationen aufbauen und sich vermehrt zu Patientenvereinigungen und Verbrauchergruppen solidarisieren. Sie schließen sich zusammen und suchen Unterstützung in sozialen Netzwerken und Organisationen, wobei das Internet einen wesentlichen Faktor darstellt.[107]

Der Patient erfährt zudem Unterstützung durch rechtliche Rahmenbedingungen, was im *strukturellen Empowerment* zum Tragen kommt.[108] Die Patientensouveränität

---

[102] Vgl. Fleige, Philipp (2011), in: Fischer, Sibbel (Hrsg.), S. 109.
[103] Vgl. Gouthier (2001), in: Kreyher (Hrsg.), S. 59.
[104] Vgl. Gouthier (2001), in: Kreyher (Hrsg.), S. 64ff.
[105] Vgl. Weilnhammer (2005), S. 164.
[106] Vgl. Fuchs (2003), in: Hermanns, Hanisch (Hrsg.), S. 46.
[107] Vgl. Weilnhammer (2005), S. 166.
[108] Vgl. Weilnhammer (2005), S. 166.

wird bewusst seitens der Gesundheitspolitik gefördert. So heißt es auf der Homepage des Bundesministeriums für Gesundheit zum Thema Patientenrechte:

> *Das Gesundheitssystem braucht den und die aufgeklärten, eigenverantwortlichen und mündigen Patienten und Patientinnen. Deshalb ist die Stärkung ihrer Rechte und Einflussmöglichkeiten ein zentrales Anliegen der Gesundheitspolitik. [...] Das Ziel der Gesundheitspolitik ist es, den Menschen umfassende Informationen zur Verfügung zu stellen, um eigenverantwortliche Entscheidungen zu ermöglichen. Der Patient und die Patientin müssen in die Lage versetzt werden, Behandlung und Therapie konstruktiv zu begleiten und eigenverantwortliche Entscheidungen zu treffen, sei es, um mit dem entsprechenden Wissen kritische Nachfragen zu stellen, die Auswahl eines geeigneten Krankenhauses für eine langfristig geplante Operation zu treffen oder die Handlungsmöglichkeiten beim Verdacht auf einen Behandlungsfehler zu kennen. Denn ein mündiger, aufgeklärter Patient ist in der Lage, mitzuhelfen die Qualität in unserem Gesundheitssystem zu halten und vielleicht [..] zu verbessern.*[109]

Das Gesundheitsmodernisierungsgesetz (GMG) von 2004 schaffte wesentliche Voraussetzungen, die Patientensouveränität zu stärken.[110] Mit dem GMG wurden unter anderem Wahlmöglichkeiten hinsichtlich medizinischer Leistungen ermöglicht und die Gesetzliche Krankenversicherung (GKV) zur Bereitstellung umfassender Informationen zu allen zugelassenen Leistungserbringern verpflichtet. Dadurch wurde eine Grundlage zur Vergleichbarkeit und Transparenz von Leistungserbringern ermöglicht.[111] Dem Patienten wird durch mehr Leistungstransparenz, Mitspracherecht und Selbstbeteiligung die Möglichkeit einer höheren Eigenverantwortlichkeit gegeben.[112]

Die bisherige Struktur des Gesundheitswesens wies dem Patienten eher die Rolle eines Behandlungsobjektes und Beitragszahlers mit sehr eingeschränkten Entscheidungs- und Einflussmöglichkeiten zu. Nun lässt sich ein Wandel des Patienten hin zu einem mündigen Primärkunden und Konsumenten von Gesundheitsdienstleistungen verzeichnen.[113] Der niedergelassene Arzt wird in seiner Einweisungsentscheidung wesentlich vom Wunsch des Patienten beeinflusst.[114] Einer der wichtigsten

[109] Bundesministerium für Gesundheit (2012).
[110] Vgl. Weilnhammer (2005), S. 166f.
[111] Vgl. SGB V §305 Abs. 3.
[112] Vgl. Weilnhammer (2005), S. 166f.
[113] Vgl. Fuchs (2003), in: Hermanns, Hanisch (Hrsg.), S. 46.
[114] Vgl. Raab, Drissner (2011), S. 135.

Veränderungstreiber ist daher damit der Patient selbst.[115] Der aufgeklärte und zudem mobile Patient gilt dabei als neue Herausforderung für das Krankenhaus.[116]

Im 2. Kapitel wurden zum einen die politisch-rechtlichen und ökonomischen Veränderungstreiber dargestellt und zum anderen der Patient als ein weiterer Veränderungstreiber identifiziert. Diese Treiber bedingen einen partiellen Wandel von einem anbieter- hin zu einem nachfragezentrierten Markt.[117] „Die Institution Krankenhaus tritt in die Welt des marktwirtschaftlichen Wettbewerbs ein."[118]

Der in diesem Kapitel dargestellte Wandel von einem anbieterorientierten hin zu einem mehr nachfragorientierten Markt, der durch die hier aufgezeigten Veränderungstreiber angestoßen wurde, bildet die Grundlage für die Anwendbarkeit von Kundenbeziehungsmanagement-Grundsätzen auch im Krankenhausmarkt.[119] Der umfassende Strukturwandel im Gesundheitswesen und die neue Rolle des Patienten erzwingen ein Umdenken der Beziehung zwischen Patient und Krankenhaus im Hinblick auf die Wahrnehmung des Patienten als primären Kunden bzw. Leistungsempfänger.[120] Auf Grundlage dieser Erkenntnisse wird daher im nächsten Kapitel das Patientenbeziehungsmanagement (PRM) als das Kundenbeziehungsmanagement im Krankenhaussektor thematisiert.

---

[115] Vgl. Weilnhammer (2005), S. 2.
[116] Vgl. Fuchs (2003), in: Hermanns, Hanisch (Hrsg.), S. 46.
[117] Vgl. Weilnhammer (2005), S. 227.
[118] Weilnhammer (2005), S. 2.
[119] Vgl. Weilnhammer (2005), S. 14.
[120] Vgl. Weilnhammer (2005), S. 420.

3 Das Management von Patientenbeziehungen

Wie im vorherigen Kapitel herausgestellt wurde, nimmt nicht nur der Einweiser einen Einfluss auf die Wahl eines geeigneten Krankenhauses, sondern auch der Patient übt einen entscheidenden Einfluss darauf aus.[121] Der Wandel in der Rolle des Patienten bedingt eine wesentliche Veränderung für das Krankenhausmanagement und erfordert das Management von Patientenbeziehungen.[122] Dabei dient die Souveränität des Patienten als Prämisse für die Entwicklung eines Kundenbeziehungsmanagement-Ansatzes im Krankenhaus.[123]

Um im weiteren Verlauf das Management von Patientenbeziehungen betrachten zu können, werden zunächst Grundzüge des klassischen Kundenbeziehungsmanagements branchenunabhängig aufgezeigt sowie in einem zweiten Schritt die Besonderheiten der Krankenhausdienstleistung herausgearbeitet, um darauf aufbauend das Kundenbeziehungsmanagement auf das Krankenhaus übertragen und anpassen zu können.

3.1 Das klassische Kundenbeziehungsmanagement

3.1.1 Begriffsdefinitionen und -abgrenzungen

Im klassischen Marketing liegt der Fokus auf einer transaktionsorientierten Betrachtungsweise, also der isolierten Betrachtung von Kaufvorgängen.[124] Veränderte gesellschaftliche und ökonomische Rahmenbedingungen in den 80iger und 90iger Jahren des 20. Jahrhunderts, die Globalisierung der Märkte, sinkende Produktlebenszyklen, die zunehmende Bedeutung von Serviceleistungen, differenzierte Wünsche der Konsumenten und neue Informations- und Kommunikationstechnologien führten zu einer Veränderung in der Ausrichtung des Marketings.[125] Es hat sich ein Wandel von einer Transaktionsorientierung hin zu einer Beziehungsorientierung vollzogen. Die Fokussierung der Beziehungsorientierung als grundlegende Denkweise im Marketing geht dabei auf *Berry* zurück. Er prägte den Begriff Relationship

---

[121] Vgl. Deutz (1999), S. 28.
[122] Vgl. Clausen (2010), S. 42f.
[123] Vgl. Weilnhammer (2005), S. 131f.
[124] Vgl. Weilnhammer (2005), S. 212.
[125] Vgl. Thommen, Achleitner (2006), S. 125, Bruhn (2009), S. 1.

Marketing und definiert ihn als „[...] attracting, maintaining and [...] enhancing customer relationships".[126]

Vor allem in nachfragezentrierten Märkten rückt die Perspektive langfristig stabiler Kundenbeziehungen in den Mittelpunkt[127] und schafft so die Grundlage der neuen Marketingausrichtung des Kundenbeziehungsmanagements, welches auch als Customer Relationship Management (CRM) bezeichnet wird.[128]

In der relevanten Literatur finden sich verschiedene Bezeichnungen, wie Beziehungsmanagement (Relationship Management), Beziehungsmarketing (Relationship Marketing), Kundenbeziehungsmanagement (Customer Relationship Management)[129] oder aber auch Kundenmanagement[130], die sich alle mit dem beziehungsorientierten Management auseinandersetzen. Einige Autoren verwenden diese Begrifflichkeiten gleichbedeutend, andere wiederum trennen diese voneinander. Daher bedarf es zunächst auch an dieser Stelle einiger begrifflicher Abgrenzungen.

Hippner bietet dabei eine deutliche Abgrenzung, wie es der folgenden Abbildung zu entnehmen ist. Im CRM steht allein die Gestaltung der Beziehung zum direkten Kunden im Fokus der Betrachtung und ist ein integraler Bestandteil des Beziehungsmarketings, das auch sonstige vertikale Beziehungen wie beispielsweise zu einweisenden Ärzten und Beratungsstellen einbezieht. Das Beziehungsmanagement geht dabei noch weiter und integriert sonstige externe Beziehungen wie beispielsweise zu Lieferanten oder Investoren und interne Beziehungen wie zu eigenen Mitarbeitern.[131]

---

[126] Berry (1983), S. 25.
[127] Vgl. Weilnhammer (2005), S. 212.
[128] Vgl. Thommen, Achleitner (2006), S. 125, Bruhn (2009), S. 1.
[129] Vgl. Hippner (2006), in: Hippner, Wilde (Hrsg.), S. 18.
[130] Vgl. Helmig, Graf (2010), in: Busse, Schreyögg, Tiemann (Hrsg.), S. 163.
[131] Vgl. Hippner (2006), in: Hippner, Wilde (Hrsg.), S. 19.

Abb. 1 *Die Abgrenzung des CRM von verwandten Begriffen*

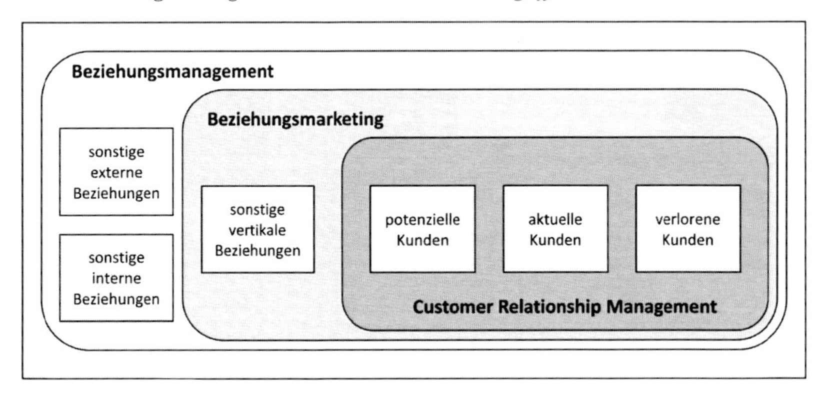

Quelle: Eigene Darstellung in Anlehnung an Hippner (2006), S. 20.

Der Fokus dieses Buches liegt auf dem beziehungsorientierten Management und damit auf dem Customer Relationship Management. Da hierfür jedoch keine allgemeingültige Definition existiert, werden folgend verschiedene aufgeführt, die in ihrer Gesamtheit einen Einblick in das CRM geben.

Thommen und Achleitner definieren das CRM wie folgt: „Customer Relationship Management (CRM) ist der systematische Aufbau und die Pflege von Kundenbeziehungen. Es umfasst als Prozess die Phasen Ansprechen, Gewinnen, Informieren, Bedienen und Pflegen eines Kundenstamms.“[132]

Helmke, Uebel und Dangelmaier verstehen darunter „die ganzheitliche Bearbeitung der Beziehung eines Unternehmens zu seinen Kunden. Kommunikations-, Distributions- und Angebotspolitik sind nicht weiterhin losgelöst voneinander zu betrachten, sondern integriert an den Kundenbedürfnissen auszurichten. Zentrale Messgröße des CRM-Erfolges ist die Kundenzufriedenheit, die einen Indikator für Kundenbindung und somit letztendlich für den langfristigen Unternehmenswert darstellt.“[133] Weiterhin weisen sie darauf hin, dass CRM-Software dabei die technologische Unterstützung bietet.[134]

Hippner und Wilde definieren: „CRM ist eine kundenorientierte Unternehmensstrategie, die mit Hilfe moderner Informations- und Kommunikationstechnologien

---

[132] Thommen, Achleitner (2006), S. 130.
[133] Helmke, Uebel, Dangelmaier (2008), in: Helmke, Uebel, Dangelmaier (Hrsg.), S. 7.
[134] Vgl. Helmke, Uebel, Dangelmaier (2008), in: Helmke, Uebel, Dangelmaier (Hrsg.), S. 7.

versucht, auf lange Sicht profitable Kundenbeziehungen durch ganzheitliche und individualisierte Marketing-, Vertriebs- und Serviceleistungen aufzubauen und zu festigen."[135] Sie sehen dabei die Ziele in der Steigerung des einzelwirtschaftlichen Unternehmenserfolgs durch die Erhöhung von Kundenzufriedenheit und -bindung sowie in der betriebswirtschaftlichen Optimierung der Kundenbeziehung aus Sicht des Unternehmens und in der Gewinnung hochwertiger Kunden und den Aufbau langfristiger und stabiler Kundenbeziehungen.[136]

Bruhn grenzt das CRM gänzlich vom Beziehungsmarketing ab. Er sieht das CRM mangels einheitlicher Definition lediglich als ein technologisches Instrument zur Sammlung und Auswertung von Kundendaten.[137] Er definiert jedoch das Relationship Marketing wie folgt: „Relationship Marketing umfasst sämtliche Maßnahmen der Analyse, Planung, Durchführung und Kontrolle, die der Initiierung, Stabilisierung, Intensivierung und Wiederaufnahme sowie gegebenenfalls der Beendigung von Geschäftsbeziehungen zu den Anspruchsgruppen – insbesondere zu den Kunden – des Unternehmens mit dem Ziel des gegenseitigen Nutzens dienen."[138] Da der Kunde hier die zentrale Anspruchsgruppe darstellt, erfasst das „Relationship Marketing im engeren Sinne" ausschließlich die Kundenbeziehungen[139] und kann daher auch dem CRM zugeordnet werden.

Alle in diesem Kapitel erwähnten Autoren haben gemeinsam, dass sie den Kunden im Fokus der Betrachtung sehen. Im weiteren Verlauf findet einheitlich der konzeptionelle Begriff des Kundenbeziehungsmanagements bzw. des Customer Relationship Managements Verwendung.

3.1.2 Die Grundzüge des klassischen Kundenbeziehungsmanagements

Anhand der Definitionen zum CRM aus dem Kapitel 3.1.1 lässt sich erkennen, dass es dabei vor allem um den Aufbau einer langfristigen und profitablen Beziehung zum Kunden geht.

Während der Lebensdauer einer Kundenbeziehung lassen sich charakteristische Phasen identifizieren, die jeweils einen anderen Status der Geschäftsbeziehung aus

[135] Hippner, Wilde (2002), in: Helmke, Dangelmaier (Hrsg.), S. 6ff.
[136] Vgl. Hippner, Wilde (2002), in: Helmke, Dangelmaier (Hrsg.), S. 6ff.
[137] Vgl. Bruhn (2009), S. 13.
[138] Bruhn (2009), S. 10.
[139] Vgl. Bruhn (2009), S. 11.

Kundensicht präsentieren und damit spezifische Anforderungen an das Management stellen. Einen Blick auf die Phasen gibt der Kundenbeziehungslebenszyklus. Das Kundenbeziehungslebenszyklus-Konzept liefert einen Rahmen für eine systematische Beziehungsanalyse und einen differenzierten Einsatz von Maßnahmen des Kundenbeziehungsmanagements, das auf den im Zeitablauf variierenden Status des Kunden ausgerichtet ist.[140] Für die einzelnen Phasen der Kundenbeziehung existieren verschiedene Einteilungen. *Bruhn* und auch *Stauss* teilen verschiedene Stadien der Kundenbeziehung in drei Kernphasen ein.[141] Die unten aufgeführte Abbildung veranschaulicht die konkrete Einteilung nach *Bruhn*.

Abb. 2 *Phasen des Kundenbeziehungslebenszyklus*

Quelle: in Anlehnung an Helmig, Graf (2010), S. 164, vgl. dazu auch Bruhn (1999), S. 191.

Die *Kundenakquisition* ist die erste Phase und beschreibt die Initiierung der Beziehung zwischen Anbieter und Nachfrager. Dabei lassen sich die Anbahnungs- und Sozialisationsphase unterscheiden. In der Anbahnungsphase findet noch keine güteraustauschbezogene Transaktion statt.[142] Der Kunde holt hier Informationen über den Anbieter ein, während dieser Maßnahmen zur Akquisition potenzieller Kunden ergreift.[143] Hier sollen Aufmerksamkeit und Interesse beim potenziellen Kunden geweckt werden, um ihn zum Erstkauf zu bewegen.[144] Die Anbahnungsphase schließt mit einem ersten Güteraustausch ab. Daran schließt sich die Sozialisationsphase an. Hier müssen sich Anbieter und Nachfrager aneinander gewöhnen. Der Kunde sammelt erste Erfahrungen mit der Leistung des Anbieters und beginnt die Qualität der Leistung und das Verhalten des Unternehmens zu beurteilen. Der

---

[140] Vgl. Stauss (2006), in: Hippner, Wilde (Hrsg.), S. 423f.
[141] Vgl. Bruhn (2009), S. 60 i.V.m. Bruhn (1999), in: Grünig (Hrsg.), S. 191f, Zur Einteilung der Phasen nach Stauss: vgl. Stauss (2000), S. 15ff.
[142] Vgl. Bruhn (2009), S. 62f.
[143] Vgl. Bruhn (2009), S. 62f., Stauss (2006), in: Hippner, Wilde (Hrsg.), S. 433.
[144] Vgl. Stauss (2006), in: Hippner, Wilde (Hrsg.), S. 435.

Anbieter gewinnt dabei Informationen über den Neukunden. Die Kundenakquisitionsphase ist für das Unternehmen aus ökonomischer Sicht negativ, da die Kundengewinnung als auch die Eingewöhnung mit Startkosten verbunden sind.[145]

Bei einer positiven Beziehungsentwicklung kommt es zur *Kundenbindungsphase*, in der die Ausweitung der Beziehung zwischen Anbieter und Nachfrager im Vordergrund steht. In der Wachstumsphase geht es um die Ausschöpfung der Kundenpotenziale. Ist der Wendepunkt des Kundenumsatzes erreicht, steigt er nur noch mit sinkenden Wachstumsraten und es beginnt die Reifephase. In der Reifephase sind die Potenziale des betreffenden Kunden dann weitestgehend ausgeschöpft. Die Erlöse durch die Kunden sollen hier auf einem ausreichenden Niveau gehalten werden. In dieser Kernphase nimmt die ökonomische Vorteilhaftigkeit der Kundenbeziehung insgesamt für das Unternehmen zu.[146] „Aus verhaltenswissenschaftlicher Sicht wird Kundenbindung als ein psychisches Konstrukt der Verpflichtung und Verbundenheit einer Person gegenüber einer anderen Person oder einer Geschäftsbeziehung verstanden."[147] Das Kundenbindungsmanagement hat grundsätzlich die Aufgabe, die aktuellen Kunden zu halten und die Beziehung zu ihnen zu gestalten und auszubauen.[148]

In der *Kundenrückgewinnung* geht es um die Beendigung der Kundenbeziehung durch den Kunden und umfasst die Gefährdungs-, Auflösungs- und Abstinenzphase. Der Kunde spielt mit dem Gedanken der Beendigung, trifft die Entscheidung und nutzt letztlich keine Leistung des Anbieters mehr. Ziel dieser Phase ist die Kundenrückgewinnung durch Fehlerverbesserung und Überzeugungsarbeit. Hier entstehen Kosten durch Rückgewinnungsmaßnahmen.[149]

Der Schwerpunkt des CRM liegt in der Ausrichtung auf eine profitable Kundenbeziehung, um den Unternehmenserfolg bzw. den Unternehmenswert zu erhöhen.[150] Die einzelnen Phasen, sowohl die Akquisition als auch die Rückgewinnung, werden nicht als abgeschlossene Prozesse betrachtet, sie erfolgen vielmehr von vornherein

---

[145] Vgl. Bruhn (2009), S. 63.
[146] Vgl. Bruhn (2009), S. 63.
[147] Weinberg (2000), in: Bruhn, Homburg (Hrsg.), S. 42.
[148] Vgl. Stauss (2006), in: Hippner, Wilde (Hrsg.), S. 435.
[149] Vgl. Bruhn (2009), S. 63f.
[150] Vgl. Hippner (2006), in: Hippner, Wilde (Hrsg.), S. 21; Wimmer, Göb (2006), in: Hippner, Wilde (Hrsg.), S. 403.

mit dem Ziel, eine dauerhafte Geschäftsbeziehung und damit Bindung zum Kunden aufzubauen.[151]

Es wird davon ausgegangen, dass ein wesentlicher Bestimmungsfaktor der Kundenbindung die Kundenzufriedenheit ist.[152] Das bedeutet, dass das Ziel profitabler Kundenbeziehungen nur über die Erhöhung der Kundenzufriedenheit bei unzufriedenen Kunden bzw. eine Stabilisierung der Zufriedenheit bei bereits zufriedenen Kunden zu erreichen ist, aus deren Konsequenz letztlich eine stärkere Bindung der Kunden an das Unternehmen erwächst.[153] Auf der Annahme, dass Kundenzufriedenheit eine wesentliche Voraussetzung für die Kundenbindung ist, basiert die Wirkungskette, die sich aus den drei Phasen – Kundenzufriedenheit, Kundenloyalität, Kundenbindung – ergibt, die durchlaufen werden muss, um tatsächlich ökonomische Erfolge generieren zu können.[154]

Abb. 3 *Wirkungskette der Kundenbindung*

Quelle: Eigene Darstellung in Anlehnung an Homburg, Bruhn (2005), S. 10.

Durch den *Erstkontakt* des Kunden, der durch den Kauf eines Produkts oder die Inanspruchnahme einer Leistung hergestellt wird, wird die Wirkungskette angestoßen. In der zweiten Phase bewertet der Kunde dann die erhaltenen Leistungen bzw. Interaktionen mit dem Unternehmen und bildet sich sein persönliches Zufriedenheitsurteil.[155] Dabei wird die *Kundenzufriedenheit* mittels des Conformation/Disconformation-Paradigmas[156] operationalisiert und als das positive Ergebnis

---

[151] Vgl. Wimmer, Göb (2006), in: Hippner, Wilde (Hrsg.), S. 403.
[152] Vgl. Herrmann, Johnson (1999), S. 579.
[153] Vgl. Hippner (2006), in: Hippner, Wilde (Hrsg.), S. 21.
[154] Vgl. Hippner (2006), in: Hippner, Wilde (Hrsg.), S. 31.
[155] Vgl. Hippner (2006), in: Hippner, Wilde (Hrsg.), S. 31.
[156] Wird die Leistung erheblich besser wahrgenommen als das, was der Kunde erwartet hat, so tritt Zufriedenheit (Confirmation) auf. Bei einer negativen Diskrepanz zwischen wahrgenommener

eines psychischen Vergleichsprozesses zwischen den Erwartungen eines Kunden sowie dem tatsächlich wahrgenommenem Leistungsniveau verstanden.[157] Fällt das Zufriedenheitsurteil positiv aus oder wird gar überboten, entsteht in einer nächsten Phase *Kundenloyalität*.[158] Loyalität kann im Sinne eines inneren Commitments[159] aufgefasst werden, das sich in der Verhaltensbereitschaft ausdrückt, der Geschäftsbeziehung treu zu bleiben.[160]

Der Übergang zur *Kundenbindung* wird schließlich in der dritten Phase erreicht, nämlich dann, wenn sich die positive Grundeinstellung dem Unternehmen gegenüber in Wiederkäufen und in Weiterempfehlungen durch den Kunden niederschlägt. Die Wirkungskette wird abgeschlossen, wenn sich die positiven Effekte der Kundenbindung in einer Steigerung des *ökonomischen Erfolgs* zeigen. Der Zusammenhang zwischen Kundenzufriedenheit und der daraus resultierenden Kundenbindung wurde in zahlreichen Untersuchungen empirisch belegt.[161]

Um die Wirkungskette anzustoßen, gilt es nun, die Kundenzufriedenheit aktiv zu beeinflussen.[162] Um ein hohes Maß an Zufriedenheit zu generieren, müssen die unmittelbaren Leistungen und Interaktionen sowie Schnittstellen zum Kunden und die dahinterliegenden Prozesse kundenorientiert ausgestaltet werden.[163]

In Kapitel 3.1 wurden die Grundzüge des Managements von Kundenbeziehungen unabhängig der Branche dargestellt und dabei die Bedeutung der Kundenbindung für den Unternehmenserfolg herausgehoben. Das klassische Kundenbeziehungsmanagement kann auf viele Branchen übertragen werden. In sehr spezifischen bedarf es jedoch inhaltlichen Anpassungen, so auch im Krankenhausbereich. Die Übertragung des klassischen CRM auf ein Krankenhaus wird daher auf Basis der hier gelegten Grundlagen im nächsten Abschnitt thematisiert.

Leistung und der Erwartung kommt es dagegen zu Unzufriedenheit (Disconfirmation). Vgl. Gouthier (2006), in: Hippner, Wilde (Hrsg.), S. 479.

[157] Vgl. Stauss (1999), S. 7.

[158] Vgl. Hippner (2006), in: Hippner, Wilde (Hrsg.), S. 32.

[159] Starker Glaube eines Kunden, die Beziehung zum Unternehmen sei derart wichtig für ihn, dass er alle Anstrengungen unternehmen wird, dies aufrecht zu erhalten. Vgl. Morgan, Hunt (1994), S. 23.

[160] Vgl. Gouthier (2006), in: Hippner, Wilde (Hrsg.), S. 480.

[161] Vgl. Fischer, Herrmann, Huber (2001), S. 1164f.

[162] Vgl. Hippner (2006), in: Hippner, Wilde (Hrsg.), S. 32.

[163] Vgl. Hippner (2006), in: Hippner, Wilde (Hrsg.), S. 35; Bruhn (2009), S. 12.

3.2 Das Patientenbeziehungsmanagement im Krankenhaus

3.2.1 Besonderheiten der Krankenhausdienstleistung

Wie zunächst im 2. Kapitel herausgearbeitet wurde, liegen die Voraussetzungen für die Anwendbarkeit der Kundenbeziehungsmanagement-Grundsätze in einem Krankenhaus in den neuen Wettbewerbsstrukturen und der gestiegenen Patientensouveränität begründet. Der CRM-Ansatz wurde ursprünglich als einzelwirtschaftlicher und ertragsorientierter Marketing-Ansatz entwickelt.[164] Bei der Übertragung auf ein Krankenhaus müssen daher die Besonderheiten des Krankenhausmarktes beachtet werden.[165]

Bei der Leistung eines Krankenhauses handelt es sich um eine selbstständige, marktfähige Leistung in Form einer Dienstleistung.[166] Dabei weisen Dienstleistungen und Krankenhausdienstleistungen im Speziellen besondere Charakteristika auf.

In erster Linie ist das Krankenhaus ein Dienstleistungsunternehmen zur Produktion von primär immateriellen Gesundheitsleistungen. Es erbringt dabei die Kernleistungen Versorgungssicherheit, Erhaltung und Wiederherstellung von Gesundheit.[167] Die Leistungen sind stofflich nicht fassbar und daher durch eine hohe Erklärungsbedürftigkeit gekennzeichnet. Da sie zuvor nicht getestet werden können und die fachliche Kompetenz der Ärzteschaft für die Patienten meist nicht erfassbar ist, muss er dem Leistungserbringer gegenüber ein großes Vertrauen aufbringen.[168] Durch Qualität des Dienstleisters kann dies aufgebaut werden.[169] Doch aufgrund der Komplexität ist es für den Patienten schwierig, die Leistung und Qualität der unterschiedlichen Therapie- oder Beratungsangebote miteinander zu vergleichen.[170] Daher stellen emotionale Aspekte, wie sie durch Beziehungsqualität, Kundenzufriedenheit oder durch das Commitment zum Ausdruck gebracht werden, kaufentscheidende Faktoren dar.[171]

---

[164] Vgl. Weilnhammer (2005), S. 227.
[165] Vgl. Tscheulin, Dietrich (2010), in: Georgi, Hadwich (Hrsg.), S. 272.
[166] Vgl. Raab, Drissner (2011), S. 17.
[167] Vgl. Weilnhammer (2005), S. 175.
[168] In diesem Kontext versteht man darunter die Bereitschaft des Kunden, sich auf Unternehmen im Hinblick auf dessen zukünftiges Verhalten ohne weitere Prüfung zu verlassen. Vgl. Morgan, Hunt (1994), S. 23.
[169] Vgl. Raab, Drissner (2011), S. 17.
[170] Vgl. Ennker, Pietrowski (2009), S. 15.
[171] Vgl. Bruhn (2009), S. 342.

Die Dienstleistung wird direkt am Kunden erbracht. Der Patient ist damit ein Teil des Produktionsprozesses. Die Qualität der Leistung ist abhängig von seiner Kooperationsfähigkeit und -bereitschaft. Zudem sind die Patienten teilnehmende Augenzeugen für die erlebte Krankenhausqualität.[172] Die enge Verbindung zum Produktionsprozess erzeugt beim Patienten ein hohes Maß an Informationsbedarf und erfordert somit eine hohe Transparenz in Bezug auf die Leistungserstellung.[173] Auch die Mitarbeiter sind ein fester Bestandteil der Leistungserbringung und leisten einen wichtigen Beitrag für die Kundenzufriedenheit.[174]

Da die Erstellung der Dienstleistung und dessen Konsum zeitnah erfolgen, ist ein Güterabwägen oftmals schwierig.[175] Die medizinischen Leistungen können in der Regel nicht mehr rückgängig gemacht werden. Dies erschwert die Entscheidung des Patienten und führt auch zu einem erhöhten Informationsbedarf.[176] Auch die mangelnde Lagerfähigkeit der Krankenhausdienstleistung und die Gegebenheit, dass nicht auf Vorrat produziert werden kann und die damit verbundene Notwendigkeit einer ständigen Leistungsbereitschaft, stellen Besonderheiten dar. Aus diesem Grund ist ein kontinuierlicher und planbarer Patientenstrom unabdingbar.[177] Zudem ist die Leistung des Krankenhauses an den Ort der Leistungserbringung gebunden, folglich ist auch das Einzugsgebiet von entscheidender Bedeutung.[178]

Vor allem der immaterielle Charakter der Dienstleistung und die Tatsache, dass diese direkt am Kunden erbracht wird, macht die Kundenzufriedenheit zu einem zentralen Element der Kundenbindung im Dienstleistungssektor und stellt somit ein ideales Einsatzgebiet für den CRM-Ansatz dar. Dennoch gibt es bei der Übertragung des Kundenbeziehungsmanagement-Ansatzes auf ein Krankenhaus weitere spezifische Eigenheiten zu beachten, die im Folgenden dargestellt werden.

Um den Ansatz übertragen zu können, müssen seitens des Krankenhauses Freiheitsgrade zum wirkungsvollen Einsatz der zugrunde liegenden CRM-Methoden bestehen. Es müssen Möglichkeiten zur Beeinflussung der Patientenströme und Gestaltbarkeit des Leistungsangebots existieren, um die Wettbewerbsfähigkeit des

---

[172] Vgl. Raab, Drissner (2011), S. 18.
[173] Vgl. Weilnhammer (2005), S. 218.
[174] Vgl. Raab, Drissner (2011), S. 18.
[175] Vgl. Ennker, Pietrowski (2009), S. 15.
[176] Vgl. Raab, Drissner (2011), S. 18.
[177] Vgl. Raab, Drissner (2011), S. 17, Ennker, Pietrowski (2009), S. 15.
[178] Vgl. Raab, Drissner (2011), S. 18.

Krankenhauses auch tatsächlich fördern zu können.[179] Dem steht jedoch die hohe Regulierungsdichte entgegen. Durch die bestehenden Kontrahierungszwänge für Versorgungsaufträge und die Finanzierungsstruktur sind dem Krankenhaus enge Grenzen gesetzt. Eine Bereinigung des Patientenstamms um nicht profitable Kunden ist nur sehr eingeschränkt möglich. Das Krankenhaus kann jedoch durch das Angebot von Zusatzleistungen, den Aufbau von Selbstzahler-Segmenten oder durch Kooperationen mit Versicherungen im Rahmen der integrierten Versorgung die Patientenströme beeinflussen.[180] Die Beeinflussung der Patientenströme lässt sich auch empirisch nachweisen. 10 Prozent aller in einer Studie[181] befragten Krankenhäuser gaben an, die von ihnen behandelten Patienten immer oder oft selektieren zu können, weitere 24 Prozent können sich ihre eigenen Patienten zumindest teilweise aussuchen.[182]

Das Ziel des CRM liegt vor allem im Aufbau langfristiger Beziehungen und dem Aufbau einer Kundenbindung, jedoch ist dies je nach Art des Krankenhauses so nicht möglich wie es beispielsweise in Spezialeinrichtungen, wie Verbrennungszentren, der Fall ist. „Langfristigkeit" kann in diesem Fall nicht zwangsläufig das Ziel bei der Gestaltung von Patientenbeziehungen sein.[183] Das Idealziel einer medizinischen Behandlung stellt die Gesundheit dar, die keine weitere medizinische Behandlung mehr notwendig macht.[184] Jedoch besteht auch im Krankenhaus die Möglichkeit, wenn es sich nicht gerade um Spezialkliniken handelt, eine langfristige Bindung aufzubauen. Die Notwendigkeit ergibt sich hier vor allem aus dem starken Zukunftscharakter der Krankenhausleistung,[185] denn auch in der Zukunft kann jederzeit ein erneuter Krankenhausaufenthalt notwendig werden.[186] Im Falle einer Wieder- oder Neuerkrankung des Patienten ist ein Krankenhaus daran interessiert, dass dieser sich erneut in das selbige Haus einweisen lässt. Zudem profitiert ein Krankenhaus, wenn der Patient die Einrichtung an sein Umfeld weiterempfiehlt.[187]

---

[179] Vgl. Weilnhammer (2005), S. 228.
[180] Vgl. Weilnhammer (2005), S. 220f.
[181] Marktstudie mit 195 teilnehmenden Krankenhäusern (55.000 Betten), die 10 Prozent des Gesamtmarktes abdecken. Vgl. Weilnhammer (2005), S. 315.
[182] Vgl. Weilnhammer (2005), S. 229.
[183] Vgl. Weilnhammer (2005), S. 220f.
[184] Vgl. Tscheulin, Dietrich (2010), in: Georgi, Hadwich (Hrsg.), S. 261.
[185] Vgl. Weilnhammer (2005), S. 218.
[186] Vgl. Weilnhammer (2005), S. 220f.
[187] Vgl. Clausen (2010), S. 115.

Daneben bieten auch Behandlungen im Rahmen der integrierten Versorgung die Möglichkeit zum Aufbau einer langfristigen Bindung an das Krankenhaus.[188]

3.2.2 Der Patientenbeziehungsmanagement-Ansatz

Das oberste Ziel von Unternehmen ist die Gewinnerzielung. Für privatwirtschaftliche Krankenhäuser trifft dies in erster Linie auch zu, „verliert jedoch seine Gültigkeit in der Anwendung auf das Krankenhaus als wesentliche Instanz zur Sicherstellung des gesundheitlichen Versorgungsauftrages".[189] Wohlfahrtsorientierte Versorgungsziele und die Qualität der Versorgung bestimmen die Strategie der Krankenhäuser.[190] Der CRM-Ansatz muss für das Krankenhaus von einer rein ertragsorientierten Sichtweise auf das Zielsystem des Krankenhauses übertragen werden.[191] Die Übertragung gelingt letztlich bei Erweiterung des Ansatzes von einer reinen Ertragsausrichtung hin zu einer effizienz- bzw. effektivitätsorientierten Sichtweise auf die Patientenbeziehungen, die auch ausreichend Spielraum für ethische, medizinische oder Versorgungsziele im Krankenhaus lässt.[192]

Da bestehende Management-Systeme für das Krankenhaus nur Teilbereiche abdecken oder unter den spezifischen Rahmenbedingungen und gegebenen Eigenschaften einer Krankenhausdienstleistung nur bedingt einsetzbar sind, hat *Weilnhammer* die Grundsätze und Methoden des klassischen CRM-Ansatzes auf das Krankenhaus übertragen und einen Management-Ansatz für die aktive und umfassende Gestaltung der Beziehung zwischen Patient, Einweiser und dem Krankenhaus in Form eines Patientenbeziehungsmanagements abgeleitet und konzipiert.[193] Der Ansatz dient zur Stärkung von Marktorientierung und Wettbewerbsfähigkeit des Krankenhauses in einem Marktumfeld mit ansteigender Wettbewerbsintensität aber unter Berücksichtigung staatlicher Regulierung.[194] *Weilnhammer* definiert den Ansatz wie folgt:

> *Patient Relationship Management (PRM) für Krankenhäuser ist ein Management-Ansatz zu Aufbau, Pflege und Optimierung von Geschäftsbeziehungen zu Patienten und Multiplikatoren. Das Optimierungsziel von PRM umfasst dabei zwei Sichten. 1. Optimierung der Geschäftsbeziehung aus Patientensicht: Steigerung der Zufriedenheit, Bindung und Loyalität*

---

[188] Vgl. Weilnhammer (2005), S. 220f.
[189] Weilnhammer (2005), S. 221.
[190] Vgl. Weilnhammer (2005), S. 221.
[191] Vgl. Weilnhammer (2005), S. 218.
[192] Vgl. Weilnhammer (2005), S. 418f.
[193] Vgl. Weilnhammer (2005), S. 6.
[194] Vgl. Weilnhammer (2005), S. 307.

des Patienten als Maß für die durch den Patienten wahrgenommene Effizienz und Effektivität der erbrachten Gesamtleistung. 2. Optimierung der Geschäftsbeziehung aus Krankenhaussicht: Steigerung der Effizienz, Wettbewerbsstärke und Ertragskraft des Krankenhauses im Marktumfeld.[195]

Wie anhand der Wirkungskette der Kundenbindung in Kapitel 3.1 aufgezeigt wurde, ist die Einforderung von Kundenorientierung im Rahmen des klassischen Kundenmanagements unabdingbar. Kundenorientierung kann auch durch ein Krankenhaus erfolgreich umgesetzt werden, und zwar dann, wenn es gelingt, die vorhandenen Erwartungen des Patienten zu erfüllen.[196] Patientenorientierung ist ein strategisch wichtiger Faktor für die einzelwirtschaftliche Basis von Krankenhäusern.[197] Das Kundenmanagement muss auf die Bedürfnisse und Wünsche der jeweiligen Patientengruppen eingehen, das heißt, alle Aktivitäten müssen auf die Zufriedenstellung der Kunden ausgerichtet sein.[198] Das Krankenhaus muss dem Patienten kundenorientiert gegenübertreten, denn die Entscheidung des Patienten in eine Klinik eingewiesen zu werden oder einer Einweisungsempfehlung des behandelten Arztes zuzustimmen, tangiert den wirtschaftlichen Erfolg des Krankenhauses maßgeblich.[199]

Die aktive Gestaltung der Beziehung zwischen Krankenhaus und Patient im Sinne einer Dienstleistungsbeziehung steht auch im Mittelpunkt des PRM-Ansatzes und wird zum strategischen Erfolgsfaktor.[200] Der PRM-Ansatz ist kein eindimensionaler Ansatz, sondern er erfordert unterschiedliche Blickwinkel auf die Einflussfaktoren, Determinanten und Gestaltungsfelder einer Patientenbeziehung. Dabei werden vier PRM-Perspektiven unterschieden – die Struktur-, Prozess-, Ergebnis- und Management-Perspektive,[201] die nachfolgend kurz dargestellt werden, um einen umfassenden Blick auf den PRM-Ansatz zu erhalten.

---

[195] Weilnhammer (2005), S. 222; Unter Multiplikatoren versteht Weilnhammer den Einbezug von externen und internen Stakeholdern, vertikalen und horizontalen Kooperationen, wie beispielsweise zu Hotelservice und Fachklinik und vor allem die Integration von Einweisern. Alle haben dabei eine Relevanz für die Patientenbeziehung und dienen daher in seiner Betrachtung als „Multiplikatoren“ Vgl. Weilnhammer (2005), S. 225.
[196] Vgl. Helmig, Graf (2010), in: Busse, Schreyögg, Tiemann (Hrsg.), S. 164.
[197] Vgl. Weilnhammer (2005), S. 7.
[198] Vgl. Deutz (1999), S. 31.
[199] Vgl. Hermanns, Kunz (2003), in: Hermanns, Hanisch (Hrsg.), S. 45.
[200] Vgl. Weilnhammer (2005), S. 6.
[201] Vgl. Weilnhammer (2005), S. 230.

Abb. 4 *Die vier Perspektiven des PRM-Ansatzes*

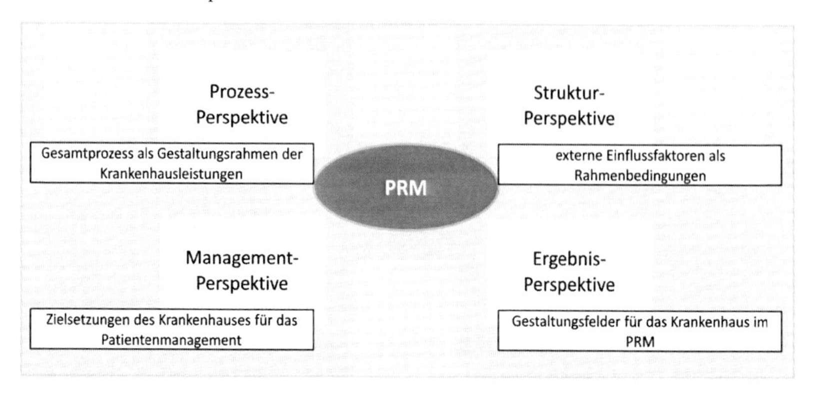

Quelle: Eigene Darstellung in Anlehnung an Weilnhammer (2005), S. 203 u. 306.

Die *Struktur-Perspektive* bildet den Rahmen für die Analyse der externen Einflussfaktoren des Krankenhauses und zeigt auf, welche Freiheitsgrade das jeweilige Krankenhaus überhaupt zur Bildung von Handlungsoptionen in Bezug auf eine patientenorientierte Ausrichtung des Krankenhauses besitzt. Die Einführung der Fallpauschalenvergütung und die Finanzierungslücke machen es zum Beispiel notwendig, darauf mit einer Kostensenkung, Auslastungsoptimierung oder dem Erschließen neuer Ertragsquellen zu reagieren. Die Struktur des Krankenhauses, wie etwa die Größe, dessen Versorgungsauftrag und die Trägerschaft bestimmt dabei die Positionierung am Markt.[202]

Die *Prozess-Perspektive* dient als Ausgangspunkt für eine patientenorientierte und betriebswirtschaftlich effiziente Leistungserstellung mit Hilfe der Prozessorientierung. Entscheidend hierbei sind die Sicht des Patienten und eine Orientierung am Kundenbeziehungslebenszyklus.[203] Dieser spannt einen Bogen über die gesamte Beziehung zwischen Patient und Leistungserbringer und vereint somit alle Einzelprozesse und -aktivitäten und dient zur Ausschöpfung von Effizienzressourcen, Ertragspotenzialen und Patientenzufriedenheit.[204]

Die *Ergebnis-Perspektive* wird aus den Optimierungszielen des PRM abgeleitet,[205] die aus der Definition von PRM[206] ersichtlich sind. Das ist zum einen die Effizienz

---

[202] Vgl. Weilnhammer (2005), S. 231.
[203] Siehe Kapitel 3.1.2.
[204] Vgl. Weilnhammer (2005), S. 231ff.
[205] Vgl. Weilnhammer (2005), S. 236ff.,

aus Sicht des Patienten, zum anderen die aus Sicht des Krankenhauses, wobei jedoch die Wertigkeit dieser Effizienzziele von der Trägerschaft des Krankenhauses abhängt. Diese Perspektive ist notwendig zur Kontrolle der Zielerreichung. Dabei sind die zentralen Steuerungsgrößen die Patientenloyalität als Maß für die Effizienz der Beziehung aus Sicht der Patienten und der Patientenwert, als Steuerungsgröße für die zukünftige Gestaltung der Patientenbeziehung.[207] Der Patientenwert wird ausführlich im 5. Kapitel dargestellt.

Die vierte und letzte Perspektive ist die *Management-Perspektive*. Die Ausgestaltung dieser bildet die Grundlage für die eigentlichen Handlungsoptionen des Krankenhauses. Diese Optionen werden dabei den Management-Ebenen normatives, strategisches und operatives Management zugeordnet.[208]

Aufbauend auf den Grundzügen des klassischen Kundenbeziehungsmanagements, die in Kapitel 3.1 aufgezeigt wurden, erfolgte in Kapitel 3.2 die Übertragung des Management-Ansatzes auf das Krankenhaus. Es wurden Besonderheiten und Charakteristiken der Krankenhausdienstleistung dargestellt, die eine direkte Übertragung des CRM nicht möglich machen. Daraufhin wurde der PRM-Ansatz vorgestellt und auf dessen verschiedene Perspektiven eingegangen.

Um die Ziele des PRM zu erreichen, werden Maßnahmen und Instrumente benötigt. Verschiedene Handlungsoptionen werden daher im 4. Kapitel auf Basis der in diesem Abschnitt aufgeführten „Management-Perspektive" aufgezeigt. Dabei bildet vor allem der Einsatz verschiedener Marketing-Maßnahmen einen Schwerpunkt.

---

[206] Siehe dazu S. 29f.
[207] Vgl. Weilnhammer (2005), S. 236ff.
[208] Vgl. Weilnhammer (2005), S. 16.

4 Handlungsoptionen und Marketing-Maßnahmen im Rahmen des Patientenbeziehungsmanagements

Marketing-Maßnahmen werden vor allem in der Kundenakquisitionsphase eingesetzt, um das Interesse der Kunden für das Unternehmen und seine Leistung zu wecken, Aufmerksamkeit und Bekanntheit bezüglich der Leistungen zu erzielen sowie Präferenzen und ein positives Image aufseiten der Kunden aufzubauen – so auch in einem Krankenhaus. Die Kundenakquisition stellt zwar einen eigenständigen, jedoch keinen isolierten Aufgabenbereich dar und kann ihre Wirkung erst dann voll entfalten, wenn sie als integraler Bestandteil des CRM konzipiert ist.[209] Folgend werden Handlungsoptionen im Rahmen des Patientenbeziehungsmanagements aufgezeigt, die in der Konsequenz zum Aufbau einer stabilen Patientenbeziehung beitragen.

4.1 Handlungsoptionen des Patientenbeziehungsmanagements

Die Management-Perspektive[210] – eine der vier Perspektiven des PRM – bildet die Grundlage für die eigentlichen Handlungsoptionen im Krankenhaus. Diese wird in drei verschiedene Management-Ebenen untergliedert, welche wiederum inhaltlich durch verschiedene Module ausgestaltet werden. Die folgende Abbildung gibt einen Überblick über die verschiedenen Ebenen und Module. Die Ausgestaltung dieser wird im weiteren Verlauf thematisiert.

---

[209] Vgl. Haas (2006), in: Hippner, Wilde (Hrsg.), S. 465.
[210] Zum Überblick der Perspektiven siehe Kapitel 3.2.2.

Abb. 5 *Die Management-Perspektive des PRM-Ansatzes*

Quelle: Eigene Darstellung in Anlehnung an Weilnhammer (2005), S. 244.

4.1.1 Ausgestaltung des normativen Managements

Das normative Management enthält die Module Krankenhausstrategie und Patientenorientierung. Im Modul *Krankenhausstrategie* wird bestimmt, wie die Strategie des Krankenhauses aussehen soll, besonders im Bereich der Wertschöpfung (patienten-, ertragsorientiert), des Markt- und Wettbewerbsverhaltens (bestehende oder neue Zielgruppen und Behandlungsfelder) und des Leistungsangebotes (Integrationsgrad und Spezialisierungsgrad der Versorgung). Die Krankenhausstrategie stellt dabei eine Rahmenbedingung für das PRM dar, da sie sich in die grundsätzliche Strategie des Krankenhauses, sein Leitbild und seine Philosophie einordnen lassen muss.[211]

Im Modul *Patientenorientierung* geht es um die Entwicklung der Patientenbeziehung durch die Orientierung am Patienten. Hier werden die grundsätzliche Wertigkeit des Patienten und die Einstellung zum Patienten durch das Krankenhaus festgelegt. Im klassischen CRM dient die Orientierung am Primärkunden als Mittel zur Ertragssteigerung. Im PRM besteht auch die Möglichkeit, die Ausrichtung auf den Patienten als Primärziel anzuerkennen.[212]

---

[211] Vgl. Weilnhammer (2005), S. 247f.
[212] Vgl. Weilnhammer (2005), S. 250.

4.1.2 Ausgestaltung des strategischen Managements

Das strategische Management wird inhaltlich ausgestaltet durch die Module Unternehmenssteuerung, Kooperations-, Angebots- und Nachfragemanagement. Das Modul *Unternehmenssteuerung* dient dazu, ein geeignetes krankenhauseinheitliches Steuerungsinstrumentarium aufzubauen, um die Erreichung der gesetzten Effizienzziele kontrollieren zu können.[213] Bevorzugte Steuerungsgrößen zur Kontrolle der Zielerreichung sind beispielsweise der Patientenloyalitäts-Index als Maß für die Stärke und Qualität der Bindung eines Patienten an das Krankenhaus und der Patientenertragswert als zentrale Steuergröße aus Krankenhaussicht.[214] Der Patientenertragswert wird im 5. Kapitel näher betrachtet.

Das Modul *Kooperationsmanagement* ist gekennzeichnet durch den Vernetzungsgrad eines Krankenhauses. Typische Motivationsgründe zur Bildung von Kooperationen liegen in der Effizienzsteigerung, der behandlungsübergreifenden Qualitätssicherung aber auch in der Erweiterung des Aufgabenspektrums und im Zugang zu neuen Patienten und damit zur Auslastungsoptimierung. Kooperationen sind somit ein wichtiges Instrument zur Stärkung der Wettbewerbsfähigkeit des Krankenhauses.[215]

Das Modul *Angebotsmanagement* und das Modul *Nachfragemanagement* sind eng mit der Unternehmensfunktion des klassischen Marketings verbunden. Die Kernaufgabe des Marketings ist die optimale Abstimmung von Leistungsangebot und Marktanforderungen. Dabei umfasst das Marketing im Rahmen des 4-P-Modells[216] die absatzpolitischen Marketing-Instrumente Produktpolitik (Product), Preispolitik (Price), Distributionspolitik (Place) und Kommunikationspolitik (Promotion).[217] Die Produkt- und Preispolitik gestalten das Angebot eines Krankenhauses und gehören somit zum Modul Angebotsmanagement. Distributions- und Kommunikationspolitik nehmen aktiven Einfluss auf die Marktseite und werden dem Nachfragemanagement

---

[213] Vgl. Weilnhammer (2005), S. 254f.
[214] Vgl. Weilnhammer (2005), S. 307.
[215] Vgl. Weilnhammer (2005), S. 268.
[216] 1960 entwickelte und veröffentlichte erstmals McCarthy die Klassifikation anhand des 4-P-Modells. Vgl. McCarthy (1960).
[217] Vgl. Weilnhammer (2005), S. 276f.

zugeordnet.[218] Die folgende Abbildung verdeutlicht die Zuordnung. Diese Module werden in Kapitel 4.2 erneut aufgriffen.

Abb. 6 *Die Module „Angebots- und Nachfragemanagement"*

Quelle: Eigene Darstellung in Anlehnung an Weilnhammer (2005), S. 279.

4.1.3 Ausgestaltung des operativen Managements

Das operative Management beinhaltet die Module Organisation und Prozesse und I&K-Einsatz. Das Modul *Organisation und Prozesse* ist von Bedeutung, da die Patientenzufriedenheit stark abhängig ist von den für die Patienten sichtbaren und erfahrbaren Prozessen. Die Integration des Prozessmanagements in die Ansätze der Patientenorientierung erfolgt unter Beachtung von Wirtschaftlichkeits- und vor allem Qualitätsaspekten, da der Patient den Gesamtprozess von Beginn der Erkrankung bis zur Behandlung und Nachsorge sieht und begleitet.[219] Unter diesem Modul werden Maßnahmen subsumiert, die eine Ausrichtung und Optimierung von Prozessen und der Aufbauorganisation auf den Kunden ermöglicht. Hierbei spielen unter anderem das Qualitätsmanagement, sowie Behandlungspfade und Case-Management eine wichtige Rolle.[220]

Das Modul *I&K-Einsatz* umfasst den Einsatz von Informations- und Kommunikationstechnologien im Rahmen des PRM. Darunter fallen Systeme zur Datenverarbeitung, Prozesssteuerung und Analyse,[221] die als „technological enabler"[222] gesehen

[218] Vgl. Weilnhammer (2005), S. 278.
[219] Vgl. Weilnhammer (2005), S. 294f.
[220] Vgl. Weilnhammer (2005), S. 297.
[221] Vgl. Weilnhammer (2005), S. 301.
[222] Deutsche Übersetzung für „enabler" ist in diesem Zusammenhang „Befähiger".

werden, da sie Voraussetzung sind, um ein kundenorientiertes Management umsetzen zu können.[223]

4.2 Einsatz von Marketing-Maßnahmen im Krankenhaus

In Kapitel 4.1 wurden die acht Module der Management-Perspektive dargestellt. Die Handlungsmöglichkeiten und Instrumente zur Akquisition und Bindung von Patienten können in den Modulen Angebots- und Nachfragemanagement der Management-Perspektive verortet werden.[224]

Marketing-Maßnahmen kommen aufgrund der gestiegenen Souveränität der Patienten und der dadurch ausgelösten verstärkten Selektion eines Krankenhauses eine gesteigerte Bedeutung zu.[225] Um sich an potenzielle Patienten zu wenden, benötigen Krankenhäuser wirksame Methoden der Kundengewinnung und -bindung.[226] Richtig eingesetzt können diese zur Differenzierung und damit als grundsätzliche Möglichkeit zur Patientengewinnung und schließlich zur Bindung an die Einrichtung beitragen.[227]

Mit Hilfe des 4-P-Modells können verschiedene Marketing-Instrumente segmentiert werden.[228] Einige Autoren ergänzen aufgrund der Dienstleistungserstellung im Krankenhaus, das 4-P-Modell um weitere 3-P's, und zwar um Personal (Personnel), Ausstattung (Physical facilities) und Prozesse (Processes). Diese werden als „Enabler" der anderen Bereiche verstanden[229] und an dieser Stelle nicht näher betrachtet. Weiterführende Informationen bietet unter anderem Kein (2001), S. 118ff., Ennker, Pietrowski (2009), S. 15ff. und Heinrich (2011), S. 54f.

Im weiteren Verlauf werden die Marketing-Maßnahmen des Krankenhauses anhand des 4-P-Modells aufgezeigt. Die hier aufgeführten Maßnahmen haben keinen Anspruch auf Vollständigkeit. Sie sollen lediglich einen Einblick in die Möglichkeiten eines Krankenhauses geben.

---

[223] Vgl. Hippner, Rentzmann, Wilde (2006), in: Hippner, Wilde (Hrsg.), S. 47.
[224] Vgl. Heinrich (2011), S. 54.
[225] Vgl. Fleige, Phillip (2011), in: Fischer, Sibbel (Hrsg.), S. 117.
[226] Vgl. Neudam, Haeske-Seeberg (2011), in: Klauber et al. (Hrsg.), S. 82.
[227] Vgl. Heinrich (2011), S. 54.
[228] Vgl. McCarthy (1960).
[229] Vgl. Heinrich (2011), S. 54f.

4.2.1 Maßnahmen im Rahmen der Produktpolitik

Die Produktpolitik, auch als Leistungspolitik bezeichnet, beschäftigt sich mit der Gestaltung des Angebotes,[230] mit dem Ziel ein optimales Leistungsprogramm mit den zur Verfügung stehenden Möglichkeiten zusammenzustellen.[231] Dieser Bereich eröffnet den Krankenhäusern weitreichende Gestaltungsmöglichkeiten. Demzufolge kommt der Produktpolitik auch eine große Bedeutung zu.[232]

Die Festlegung des Programmes kann in zwei Bereichen erfolgen. Zum einen im Bereich der Kernleistungen bzw. Grundleistungen und zum anderen im Bereich der Zusatzleistungen bzw. Wahlleistungen.[233] Kernleistungen sind in der Regel durch die GKV des Patienten abgedeckt und umfassen notwendige Leistungen, Verpflegung und Unterbringung während des Aufenthaltes im Krankenhaus.[234] Als Vergütung erhält das Krankenhaus einen Pauschalbetrag. Da die Preise vorgegeben und identisch sind, muss sich die Einrichtung neben einer überlegenen Dienstleistungsqualität auch durch sein Produktprogramm von den Wettbewerbern absetzen.[235] Das grundsätzliche fachrichtungsbezogene Leistungsangebot eines Krankenhauses ist zum großen Teil durch die Krankenhauspläne der Länder festgesetzt. Es bieten sich jedoch durch Bildung spezifischer Versorgungsschwerpunkte innerhalb der Fachrichtungen Differenzierungsmöglichkeiten, wie zum Beispiel die Spezialisierung auf die Behandlung von Patienten mit besonderen Diagnosen oder die Anwendung bestimmter fortschrittlicher Therapiemethoden.[236] Hier kann das Marketing durch das Angebot spezieller Leistungen, wie minimal-invasive Operationen oder spezielle Diagnostikverfahren, die andere Anbieter noch nicht anbieten, ein Alleinstellungsmerkmal herausarbeiten.[237]

Der Bereich der Zusatzleistungen lässt sich in medizinische und nicht-medizinische Leistungen differenzieren. Medizinische Zusatzleistungen werden auch als individuelle Gesundheitsleistungen (IGeL) bezeichnet. Das sind Leistungen, die nicht im Leistungsumfang der GKV enthalten sind, dennoch von Patienten nachgefragt

---

[230] Vgl. Kahl, Mittelstaedt (2007), S. 191.
[231] Vgl. Meffert, Bruhn (2009), S. 246.
[232] Vgl. Heinrich (2011), S. 55.
[233] Vgl. Tscheulin, Helmig (2001), in: Tscheulin, Helmig (Hrsg.), S. 409, Kahl, Mittelstaedt (2007), S. 196f.
[234] Vgl. Tscheulin, Helmig (2001), in: Tscheulin, Helmig (Hrsg.), S. 409.
[235] Vgl. Tscheulin, Helmig (2001), in: Tscheulin, Helmig (Hrsg.), S. 409.
[236] Vgl. Schmutte (1998), S. 20.
[237] Vgl. Kahl, Mittelstaedt (2007), S. 197.

werden, ärztlich empfehlenswert oder aufgrund des Patientenwunsches ärztlich vertretbar sind.[238] In Praxen werden diese bereits durch niedergelassene Ärzte oft geleistet und finden inzwischen auch zunehmend im stationären Bereich Einzug. „Zum einen führen ökonomische Zwänge unvermeidlich zum Erschließen von neuen Märkten, zum anderen steigt die Nachfrage der Patienten nach solchen Leistungen."[239] Zusatzleistungen werden auf Kosten des Patienten oder einer privaten Krankenversicherung erbracht werden. Dabei sind verschiedene Fallgruppen von medizinischen Zusatzleistungen zu unterscheiden. Zum einen Leistungen ohne medizinische Indikation. Sie dienen nicht dazu eine Krankheit zu heilen oder zu lindern, sondern stellen eine Zusatzleistung dar, wie beispielsweise Schönheitsoperationen. Des Weiteren gibt es Zusatzleistungen anlässlich einer Regelleistung, wie Massagen oder aber auch Alternativleistungen zu herkömmlichen Methoden, wobei hier nur der Differenzbetrag vom Patienten getragen werden muss.[240]

Bei der Ausgestaltung des medizinischen Leistungsangebotes muss ein Krankenhaus jedoch bestimmte Restriktionen beachten, die sich vor allem aus den relevanten Gesetzen, wie dem SGB V, dem KHG und dem Krankenhausentgeltgesetz (KHEntG) und der Bundespflegesatzverordnung (BPflV) ergeben.[241] Für die Erhebung der Entgelte gibt es keine besonderen rechtlichen Restriktionen, abgesehen von den gesetzlichen Vorschriften über den Wucher.

Medizinische Zusatzleistungen sind eine sinnvolle Ergänzung zu den Kernleistungen, „da dem Angebot medizinischer Zusatzleistungen grundsätzliche Hinderungsgründe nicht entgegenstehen und da Krankenhäuser [...] zusätzliche Einnahmen in nicht unerheblicher Größenordnung generieren können – zum Wohle der Patienten."[242]

Auch im nicht-medizinischen Bereich bieten sich einige Möglichkeiten, das Leistungsprogramm zu erweitern.[243] Eine bewusste Auswahl des Krankenhauses erfolgt nicht mehr einzig nach medizinischen Gesichtspunkten, auch die pflegerische

238 Vgl. Kersting, Pillokat (2006), S. 707.
239 Kersting, Pillokat (2006), S. 707.
240 Vgl. Kersting, Pillokat (2006), S. 707ff.
241 Vgl. Heinrich (2011), S. 56.
242 Kersting, Pillokat (2006), S. 712.
243 Vgl. Kiehn (2001), in: Zerres, Zerres (Hrsg.), S. 121.

Komponente und zusätzliche Angebote gewinnen an Bedeutung.[244] Im Gegensatz zur medizinischen Leistungserbringung, wo der Patient die Qualität meist sehr schlecht beurteilen kann, lässt sich die Qualität der nicht-medizinischen Leistungen durch den Patienten direkt beurteilen.[245] Hier können durch Kompetenz des Personals und durch Serviceleistungen, wie Sauberkeit und Ausstattung der Zimmer, Verpflegung, Freizeit- und seelsorgliche Angebote die medizinischen und pflegerischen Grundleistungen ergänzt und die gesamte Qualitätswahrnehmung der Patienten gesteigert werden.[246] Ein Beispiel für gehobene Serviceleistungen ist das Angebot sogenannter Komfort-Zimmer oder ganzer Stationen, die neben Privatpatienten auch den Selbstzahlern oder zusatzversicherten Patienten zur Verfügung stehen.[247] Zusatznutzen bieten zudem auch Zusatzangebote, wie etwa die Existenz eines Internet-Cafés, Shops oder aber auch einer Bibliothek. Das Krankenhaus besitzt bei nicht-medizinischen Zusatzleistungen in Bezug auf die Preisgestaltung eine weitreichende Handlungsfreiheit.[248]

Durch das Angebot von Zusatzleistungen kann neben der Erzielung von Zusatzeinkünften auch das Image eines Krankenhauses gesteigert werden.[249] Es ist jedoch abzuwägen welche Zusatzleistungen angeboten werden, da ein Großteil der Patienten diese schätzt, aber vor allem kostenfrei in Anspruch nehmen will[250] und auch dann der finanzielle Mehraufwand durch Zusatzeinnahmen gedeckt sein muss.[251]

Eine weitere Option, um Patienten für das Krankenhaus zu gewinnen und vor allem an das Krankenhaus zu binden, stellen spezielle Kundenbindungsprogramme dar. Das Wesen solcher Programme liegt darin, dass die Inanspruchnahme oder die Vertragstreue durch Gutschriften, Rabatte oder sonstige Vergünstigungen belohnt wird. Dadurch soll die Loyalität zum Vertragspartner erhöht werden.[252]

Ein Beispiel für ein Programm zur Kundenbindung ist das Angebot einer speziellen Zusatzversicherung. Einige Krankenhäuser, allen voran die Dr.-Horst-Schmidt-Kliniken (HSK) haben sich mit der Frage auseinandergesetzt, wie man die Finanzie-

---

[244] Vgl. Deutz (1999), S. 27.
[245] Vgl. Kiehn (2001), in: Zerres, Zerres (Hrsg.), S. 121.
[246] Vgl. Heinrich (2011), S. 56f.
[247] KomfortPlus-Station des Klinikums Friedrichshafen. Vgl. Klinikum Friedrichshafen (o.J.).
[248] Vgl. Tscheulin, Helmig (2001), in: Tscheulin, Helmig (Hrsg.), S. 409.
[249] Vgl. Deutz (1999), S. 49.
[250] Auswertung einer Patientenbefragung mit 392 Probanden, vgl. Amelung, Asché (1998), S. 225.
[251] Vgl. Deutz (1999), S. 53.
[252] Vgl. Strehlau, Fiebig (2010), in: Debatin, Ekkernkamp, Schulte (Hrsg.), S. 167.

rung der stationären Leistungen über die der GKV hinaus gestalten kann. Die HSK haben in Zusammenarbeit mit einem Versicherungsunternehmen, da es Krankenhäusern selbst nicht gestattet ist, Krankenversicherungsleistungen direkt zu erbringen, das Angebot "mcplus" entwickelt. Jeder, der sich dort versichert, erhält einen freiwilligen jährlichen Gesundheitscheck, eine digitale Gesundheitsakte, den Zugang zu einem 24 Stunden-Kompetenzcenter und vor allem, bei Inanspruchnahme einer stationären Versorgung, zusätzliche Komfortleistungen, wie Einbettzimmer oder Chefarztbehandlung. Die Nutzer dieses Angebotes werden durch Inanspruchnahme des Programmes privilegiert.[253] Das Angebot „mcplus" wird auch über Partner der HSK angeboten, um dem Patienten mehr Entscheidungsmöglichkeiten zu bieten, das gesamte Leistungsspektrum der Medizin abzudecken und bei Umzug oder innerdeutscher Reisen weiterhin den Zugang zum Programm zu bieten.[254]

Eine weitere Möglichkeit der Kundenbindung bietet das Programm „Ambient Assisted Living" (AAL). Das AAL-Programm soll älteren Menschen ein langes und unabhängiges Leben im gewohnten Lebensumfeld ermöglichen,[255] da dieses ihnen oftmals von besonderer Bedeutung ist.[256] Hierzu wurden verschiedene Forschungsprogramme ins Leben gerufen und von der Bundesregierung unterstützt.[257] Auf das Krankenhaus kommt, besonders vor dem Hintergrund, dass ältere und chronisch Erkrankte eine Verzahnung zwischen ambulanten und stationären Versorgungsformen erfordern, eine bedeutende Rolle zu. Ein Projekt im Rahmen des AAL ist das Telemedizinprojekt „WohnSelbst", wobei auch hier ein Partner die HSK sind. In diesem Projekt gewinnt die Wohnung als Gesundheitsstandort an Bedeutung. Mieter werden durch das teilnehmende Wohnungsunternehmen auf die Präventionsmaßnahmen hingewiesen.[258] Für die Teilnehmer des Programmes führt das Krankenhaus regelmäßige Gesundheitschecks im Rahmen eines Vorsorgeprogramms durch und bietet zudem telemedizinische Betreuung über ein medizinisches Kompetenzzentrum an.[259]

---

[253] Vgl. Strehlau, Fiebig (2010), in: Debatin, Ekkernkamp, Schulte (Hrsg.), S. 170f.
[254] Vgl. Strehlau, Fiebig (2010), in: Debatin, Ekkernkamp, Schulte (Hrsg.), S. 174.
[255] Vgl. Strehlau, Fiebig (2010), in: Debatin, Ekkernkamp, Schulte (Hrsg.), S. 172.
[256] Vgl. Brand-Krüger (2012), S. 364.
[257] Vgl. Brand-Krüger (2012), S. 367; Strehlau, Fiebig (2010), in: Debatin, Ekkernkamp, Schulte (Hrsg.), S. 172.
[258] Vgl. Strehlau, Fiebig (2010), in: Debatin, Ekkernkamp, Schulte (Hrsg.), S. 172f.
[259] Vgl. Brand-Krüger (2012), S. 367.

Neue Versorgungsformen, die durch das GMG von 2004 ermöglicht wurden, eröffnen Krankenhäusern neue Chancen, ihr Leistungsangebot auszuweiten. Beispiele dafür sind die Gründung von Medizinischen Versorgungszentren (§95 SGB V), ambulante Versorgung bei Unterversorgung (§116 a SGB V) im Rahmen von Disease-Management-Programmen (DMP) (§116 b Abs. 1 SGB V) oder bei hoch spezialisierten Leistungen und seltenen Erkrankungen (§116 b Abs. 2 SGB V) und Integrierte Versorgungsformen (§140 a-d SGB V).[260] Insbesondere erfüllen auch integrierte Versorgungsverträge und einzelne DMPs den Charakter von Kundenbindungsprogrammen. Wenn Versicherte sich an einen solchen Vertrag über ihre Krankenkasse binden, erhalten sie wirtschaftliche Vorteile, wie beispielsweise Prämienzahlungen oder Zuzahlungsermäßigungen durch die jeweiligen Krankenkassen.[261]

Auch die Markenpolitik lässt sich zur Leistungspolitik hinzurechnen. Aufgrund der mixübergreifenden Wirkungen der Markenpolitik, sind jedoch die Interdependenzen zu anderen Instrumenten zu berücksichtigen. „Die Idee der Markenführung im Krankenhaus erfährt in den letzten Jahren immer mehr Beachtung."[262] Aus den Vertrauenseigenschaften der medizinischen Leistung und der daraus resultierenden erschwerten Beurteilbarkeit durch die Patienten gilt es, das wahrgenommene Risiko zu minimieren. Eine starke Klinikmarke ist dabei ein „Vertrauensanker".[263] Die Marke ist nicht nur ein physisches Kennzeichen. Ziel ist die Wahlsicherheit und Hilfestellung bei der Auswahlentscheidung zwischen Alternativen. Es soll das in der Psyche fest verankerte, unverwechselbare Vorstellungsbild von einer Klinik sein[264] und trägt so zur Differenzierung gegenüber den Wettbewerbern bei.[265]

4.2.2 Maßnahmen im Rahmen der Preispolitik

Die Preise sind für den größten Teil der erbrachten Krankenhausleistungen im Rahmen der DRG-Fallpauschalenvergütung für alle Krankenhäuser einheitlich über die Bestimmung der Bewertungsrelationen und der Basisfallwerte festgesetzt.[266] Ein

---

[260] Vgl. Heinrich (2011), S. 44ff.
[261] Vgl. Strehlau, Fiebig (2010), in: Debatin, Ekkernkamp, Schulte (Hrsg.), S. 167f.
[262] Kahl, Mittelstaedt (2007), S. 207.
[263] Vgl. Kahl, Mittelstaedt (2007), S. 207.
[264] Vgl. Meffert, Bruhn (2006), S. 438.
[265] Vgl. Kahl, Mittelstaedt (2007), S. 207.
[266] Siehe Kapitel 2.1.

Preiswettbewerb zwischen den Krankenhäusern ist im Rahmen der Preispolitik weitestgehend nicht gegeben.[267]

Eine Möglichkeit zur Preisgestaltung bieten jedoch die neuen Versorgungsformen, wie sie auch schon im Bereich der Produktpolitik angeführt wurden, wie beispielsweise die Integrierte Versorgung nach §140 a-d SGB V. Hier sind die Preise frei zwischen Krankenkasse und Krankenhaus vereinbar, sodass die Preispolitik hier einen Einfluss auf die nachgefragte Leistungsmenge haben kann, vor allem dann, wenn die Kassen ihren Versicherten einen finanziellen Anreiz in Form von Rückerstattungen bieten.[268]

Ein großer Preisspielraum eröffnet sich jedoch bei den Wahlleistungen, die auch bereits im Zusammenhang mit der Produktpolitik dargestellt wurden. Sie bieten Möglichkeiten für eine Preisdifferenzierung, die einer gezielten Ausschöpfung der Konsumentenrente dienen können. Bei der Preisgestaltung haben die Krankenhäuser weitestgehend freie Hand. Denkbar sind hier eine zeitliche, patientensegmentabhängige oder bei mehreren Standorten auch eine regionale Preisdifferenzierung.[269]

Die Gewinnchancen durch eine optimale Preisgestaltung der Wahlleistungen werden von den meisten Krankenhäusern jedoch vernachlässigt. Die Preissetzung dafür erfolgt selten auf Grundlage qualifizierter empirischer Analysen. Stattdessen werden sie anhand der entstehenden Kosten und der Intuition festgesetzt.[270] Es sei jedoch an dieser Stelle erwähnt, dass trotz der großen Einflussmöglichkeiten des Krankenhauses, Wahlleistungen nur eine geringe Bedeutung im Vergleich zum Vergütungsvolumen über die Fallpauschalen haben und daher nur eine untergeordnete Rolle spielen.[271]

4.2.3 Maßnahmen im Rahmen der Distributionspolitik

Die Distributionspolitik ist für die Krankenhäuser weniger interessant. Die Nachfrage der Leistung findet am Standort des Krankenhauses statt und die Dienstleistungen werden dort direkt am Patienten vollzogen.[272] Jedoch muss man sich auch im

[267] Vgl. Heinrich (2011), S. 57f.
[268] Vgl. Heinrich (2011), S. 58.
[269] Vgl. Heinrich (2011), S. 58.
[270] Vgl. Tscheulin, Helmig (2001), in: Tscheulin, Helmig (Hrsg.), S. 415.
[271] Vgl. Heinrich (2011), S. 59.
[272] Vgl. Deutz (1999), S. 46.

Krankenhaus Gedanken darüber machen, wie die angebotenen Leistungen der Zielgruppe verfügbar gemacht werden können. Den entscheidenden Bereich der Distributionspolitik stellt die Standortentscheidung dar, die aber in den meisten Kliniken, die sich bereits im Betrieb befinden, nur im Rahmen von Neubauabsichten von Bedeutung ist.[273]

Im Rahmen dieses Marketing-Instruments sind Maßnahmen denkbar, die eine optimale Erreichbarkeit des bereits erbauten Krankenhauses sichern, zum Beispiel durch die optimale Anbindung an öffentliche Verkehrsmittel, die Bereitstellung ausreichender Parkflächen und eine gute Ausschilderung.[274] Aber auch die Erreichbarkeit in Bezug auf patienten- und angehörigenoptimale Besuchszeiten, kurze Wartezeiten und kurze Anmeldezeiten spielen hier eine wichtige Rolle.[275]

Die Distributionspolitik findet außerdem Beachtung bei der Bildung krankenhausbetrieblicher Zusammenschlüsse oder bei der Umsetzung ordnungspolitischer Vorgaben einer gemeindenahen Versorgung, die beispielsweise im Zusammenhang mit der Gründung von Tageskliniken, Auslagerungen von Stationen oder dem Einsatz mobiler Einheiten stehen.[276] Neue Absatzwege der Krankenhausleistung ergeben sich im Bereich der Telemedizin. Ein Beispiel hierfür ist, wie bereits in Bezug auf das AAL-Programm im Rahmen der Produktpolitik erwähnt, die Möglichkeit zur telemedizinischen Überwachung chronisch Erkrankter oder frühzeitig aus der stationären Behandlung entlassener Patienten mittels Telemonitoring.[277]

4.2.4 Maßnahmen im Rahmen der Kommunikationspolitik

Das bedeutendste Marketinginstrument im Krankenhaus ist die Kommunikationspolitik.[278] Sie dient der „Übermittlung von Informationen und Bedeutungsinhalten zum Zweck der Steuerung von Meinungen, Einstellungen, Erwartungen und Verhaltensweisen“.[279] Man will damit die Aufmerksamkeit des Patienten erreichen und ihn dahingehend beeinflussen, dass er zum Kunden des Krankenhauses wird und somit

---

[273] Vgl. Tscheulin, Helmig (2001), in: Tscheulin, Helmig (Hrsg.), S. 424.
[274] Vgl. Deutz (1999), S. 46.
[275] Vgl. Kahl, Mittelstaedt (2007), S. 228.
[276] Vgl. Tscheulin, Helmig (2001), in: Tscheulin, Helmig (Hrsg.), S. 425.
[277] Vgl. Mohr, Schall, Nerlich (2004), in: Jähn, Nagel (Hrsg.), S. 35.
[278] Vgl. Deutz (1999), S. 46, Heinrich (2011), S. 60.
[279] Meffert (1986), S. 443.

einen Beitrag zum Unternehmenserfolg leistet.[280] *Nieschlag, Dichtl, Hörschgen* sprechen sogar von der „Kommunikationspolitik als Sprachrohr des Marketing".[281]

Bei Kommunikationsmaßnahmen und dort insbesondere im Bereich der Werbung sind einige rechtliche Restriktionen zu beachten. Von besonderer Relevanz sind hier die Regelungen des Gesetzes gegen den unlauteren Wettbewerb (UWG) und des Heilmittelwerbegesetzes (HWG), die vordergründig dem Schutz des Patienten vor irreführender Werbung oder suggestiver Beeinflussung dienen. Tritt nicht das Krankenhaus als Institution, sondern das ärztliche Personal, insbesondere der Chefarzt einer Fachabteilung als Kommunikationsträger in Erscheinung, greifen zusätzlich die Regelungen der Musterberufsordnung für die deutschen Ärztinnen und Ärzte (MBO).[282] Auf eine detaillierte Darstellung der gesetzlichen Regelungen soll an dieser Stelle jedoch verzichtet werden. Weiterführende Literatur dazu bietet unter anderem Ennker, Pietrowski (2009), S. 31ff. und Tscheulin, Helmig (2001), S. 420ff.

Für die Kommunikationspolitik des Krankenhauses gibt es verschiedene Ansatzpunkte, die im Allgemeinen als Instrumente des Kommunikations-Mix bezeichnet werden. Dazu zählen vor allem die klassische Werbung, Verkaufsförderung, Öffentlichkeitsarbeit, Sponsoring, Event-Marketing, Messen bzw. Ausstellungen und Kongresse sowie die Multimedia-Kommunikation.[283] Diese Kategorisierung bietet unzählige Möglichkeiten zur Ausgestaltung der Kommunikationspolitik. Im weiteren Verlauf werden ausgewählte Maßnahmen dargestellt.

Im Bereich der Multimedia-Kommunikation wird primär der Internetauftritt bzw. die Homepage eines Krankenhauses als Kommunikationsmittel eingesetzt. Dort können angebotene Leistungen, Kontaktdaten oder aber auch Qualitätsdaten aufgezeigt werden.[284] Verschiedene Medien, wie beispielsweise Bilder, Ton und Text können interaktiv miteinander verknüpft werden. Zudem kann der Patient die zur Verfügung gestellten Informationen jederzeit individuell abfragen.[285] Das Internet ist zu einem wichtigen Baustein innerhalb der Kommunikationspolitik der

---

[280] Vgl. Tscheulin, Helmig (2001), S. 419.
[281] Nieschlag, Dichtl, Hörschgen (1994), S. 528.
[282] Vgl. Heinrich (2011), S. 61f.
[283] Vgl. Meffert (1998), S. 664f.
[284] Vgl. Heinrich (2011), S. 61.
[285] Vgl. Helmig, Graf (2010), in: Busse, Schreyögg, Tiemann (Hrsg.), S. 168f.

Krankenhäuser geworden.[286] „Der Run auf den Patienten über das Internet hat nicht längst begonnen, sondern ist bereits mit voller Kraft am Laufen."[287] Die Krankenhäuser zeigen sich jedoch mit sehr unterschiedlichem Engagement im Internet. Die meisten haben Schwächen beim Webauftritt und verlieren dadurch Patienten.[288] Eine Studie mit knapp 500 Krankenhäusern und deren Web-Sites ergab, dass die Internetauftritte in der überwiegenden Zahl eine „Standardpräsenz auf gehobenem Niveau" darstellen. Die Zielgruppenansprache könnte jedoch präziser erfolgen und die Möglichkeit zur Interaktion ausgebaut werden.[289] Oftmals resultieren die Mängel aus den begrenzten Geldern, die dafür zur Verfügung stehen.[290] Ein Internetauftritt, der über die Standardpräsenz hinausgeht, ist mit erheblichen finanziellen und personellen Ressourcen verbunden.[291]

Eine andere Möglichkeit der Kommunikation bieten Klinikinformationsbroschüren und Krankenhauszeitschriften. Sie können dem Bereich der Verkaufsförderung zugeordnet werden und liefern Grundinformationen zur täglichen Arbeit der unterschiedlichen Abteilungen. Dabei werden besondere diagnostische und therapeutische Verfahren und Fragen der Qualität in den Vordergrund gestellt und so dem potenziellen Patienten vorgestellt.[292] Des Weiteren gibt es Patientenbroschüren. Sie dienen in erster Linie als Orientierungshilfe. Im Vordergrund steht hier die Darstellung des Hauses, seiner Leistungs- und Servicebereiche sowie Ansprechpartner.[293]

Im Bereich des Event-Marketings gibt es vielfältigste Möglichkeiten, wie beispielsweise das Abhalten von einem „Tag der offenen Tür", durch den potenzielle Patienten einen Eindruck von der Einrichtung erhalten.[294] Das Ziel liegt in der Schaffung eines besonderen, möglichst einmaligen emotionalen Vor-Ort-Erlebnisses, das die Leistung der Klinik für die anvisierte Zielgruppe greifbar und

---

[286] Vgl. Schlüchtermann (2002), S. 360, Laut der ARD/ZDF Onlinestudie 2011: innerhalb von 12 Monaten konnte ein Zuwachs von 6 Prozent an Internetnutzern in Deutschland festgestellt werden. Inzwischen nutzen 51,7 Millionen Erwachsene zumindest gelegentlich das Internet. Vgl. van Eimeren, Frees (2011), S. 334.
[287] Heidelberger Institut für Medizinmarketing (2009), S. 4.
[288] Vgl. Heidelberger Institut für Medizinmarketing (2009), S. 4.
[289] Vgl. Schlüchtermann (2002), S. 360.
[290] Vgl. Saborowski, Hermanns (2003), in: Hermanns, Hanisch (Hrsg.), S. 428.
[291] Vgl. Schlüchtermann (2002), S. 361.
[292] Vgl. Hermanns, Poersch (2003), in: Hermanns, Hanisch (Hrsg.), S. 328f.
[293] Vgl. Aldag (1988), S. 245.
[294] Vgl. Tscheulin, Dietrich (2010), in: Georgi, Hadwich (Hrsg.), S. 31.

sympathisch macht. Andere Möglichkeiten wären hier beispielsweise Infovorträge, Kunstausstellungen und Theater- oder Musikaufführungen.[295]

Ein weiteres Einsatzgebiet der Kommunikationspolitik ist die Mediawerbung. Darunter subsumiert man klassische Werbemaßnahmen, wie die Schaltung von Anzeigen in Printmedien, TV und Radio. Durch die hohen Streuverluste und die rechtlichen Grenzen ist Mediawerbung im Krankenhausektor nicht besonders geeignet.[296]

Dagegen bietet eine kontinuierliche Öffentlichkeitsarbeit, auch Public Relations (PR) genannt, den Krankenhäusern eine bessere Alternative, um relevante Themen und Leistungsangebote bekannt zu machen. Es besteht die Möglichkeit, durch Zwischenschaltung einer Redaktion von Fachzeitschriften und regionalen und überregionalen Tages- und Wochenzeitungen, relevante Themen mit Darstellung des eigenen Leistungsangebotes zu lancieren. So gewinnt die Botschaft im Gegensatz zur klassischen Werbung an Objektivität und schafft beim potenziellen Patienten nachhaltiges Vertrauen in die Krankenhausleistung.[297] Durch Öffentlichkeitsarbeit lassen sich die Erhöhung des Bekanntheitsgrades und die Ausprägung eines positiven Images in der Bevölkerung erreichen. Eine positive Positionierung des Krankenhauses innerhalb der öffentlichen Meinung ist Voraussetzung für den Wunsch potenzieller Patienten, gerade in das eine Krankenhaus eingewiesen zu werden. Regelmäßige Informationen über das Krankenhaus sind meist wirksamer und ersparen teure Anzeigenwerbungen.[298] Anlässe für Öffentlichkeitsarbeit gibt es viele, wie beispielsweise die Eröffnung eines Neubaus, ein besonderes Jubiläum, Kooperationen mit anderen medizinischen und nicht medizinischen Einrichtungen oder Gerätebeschaffungen.[299]

Eine weitere Möglichkeit zur Kommunikation bietet die Veröffentlichung von Qualitätsberichten über die stationäre medizinische Versorgung, welche nach §137 SGB V sogar gesetzlich vorgeschrieben ist. Qualitätsberichte dienen vor allem zur Informations- und Entscheidungshilfe für Ärzte und Krankenkassen, aber auch dem potenziellen Patienten. Den Krankenhäusern gibt die Veröffentlichung die

---

[295] Vgl. Kahl, Mittelstaedt (2007), S. 251.
[296] Vgl. Kahl, Mittelstaedt (2007), S. 253.
[297] Vgl. Kahl, Mittelstaedt (2007), S. 253.
[298] Vgl. Hermanns, Poersch (2003), in: Hermanns, Hanisch (Hrsg.), S. 313f.
[299] Vgl. Deutz (1999), S. 60.

Möglichkeit, Leistungen und Qualitäten transparent zu gestalten und stellt daher ein wichtiges Kommunikationsinstrument dar.[300] Darüber hinaus kann auch die Veröffentlichung eines Geschäfts- bzw. Jahresberichtes, wie er in Industrieunternehmen üblich ist, dazu dienen, das Krankenhaus und seine Leistungen darzustellen und zu profilieren, insbesondere dann, wenn er durch Bilder und mit verständlicher Sprache gestaltet ist.[301] In einer Studie mit Krankenhäusern des Rhein-Ruhr-Gebietes wurde belegt, dass Krankenhäuser, die ihre Qualitätsdaten freiwillig veröffentlichen, stärker nachgefragt werden als solche, die ihre Qualitätsdaten den Patienten nicht direkt zugänglich machen.[302] Außerdem führt die erhöhte Transparenz eines Krankenhauses dazu, dass der Patient in seiner neuen Rolle als „souveräner Kunde" seinen Anspruch auf Selbstverwirklichung realisieren kann.[303]

Des Weiteren kann auch Sponsoring dazu beitragen, die Bekanntheit des Krankenhauses und des angebotenen Leistungsangebotes zu erhöhen. Dabei fördert ein Krankenhaus Organisationen oder Einzelpersonen im Sport-, Kultur-, Sozial-, Umwelt- oder Medienbereich durch Geld- und Sachzuwendungen, um im Gegenzug selbst einen positiven Beitrag für die eigenen Marketingziele zu erhalten.[304]

Nach *Deutz* liegt das Hauptkommunikationsmittel der Krankenhäuser in der Öffentlichkeitsarbeit. Die Vorteile andere Formen, wie beispielsweise die des Sponsorings bleiben eher ungenutzt. Oftmals liegt es darin begründet, dass das Budget für Kommunikationsmittel oft sehr eingeschränkt ist.[305] Auch der gesetzliche Rahmen, der die Werbemaßnahmen der Klinikkommunikation begrenzt, spricht für den gezielten und kontinuierlichen Einsatz einer sachlich informierenden Öffentlichkeitsarbeit.[306]

Die verschiedenen Kommunikationsaktivitäten des Krankenhauses müssen koordiniert werden, um eine einheitliche und konsistente Innen- und Außendarstellung zu erreichen. Koordinierend können dabei Richtlinien oder Anforderungen an das Corporate Design wirken, aber auch die Vision und Werte, die in einem Kranken-

---

[300] Vgl. Helmig, Graf (2010), in: Busse, Schreyögg, Tiemann (Hrsg.), S. 170 i.V.m. SGB V §137.
[301] Vgl. Hermanns, Poersch (2003), in: Hermanns, Hanisch (Hrsg.), S. 325.
[302] Vgl. Wübker, Sauerland, Wübker (2008), S. 25.
[303] Vgl. Fleige, Phillip (2011), in: Fischer, Sibbel (Hrsg.), S. 109.
[304] Vgl. Helmig, Graf (2010), in: Busse, Schreyögg, Tiemann (Hrsg.), S. 170.
[305] Vgl. Deutz (1999), S. 56f.
[306] Vgl. Kahl, Mittelstaedt (2007), S. 250.

haus gelebt werden, unterstützen dies.[307] Die Bereitstellung einer Dienstleistung allein ist keine Garantie für eine dauerhafte Beziehung zwischen Krankenhaus und Patient. Image, Kompetenz, Zuverlässigkeit und Vertrauen in das Krankenhaus beeinflussen die öffentliche Meinung. Dies bedeutet für das Krankenhaus, dass es informieren, argumentieren und motivieren muss. So kann die Kommunikationspolitik sein Image prägen, die Akzeptanz erhöhen, Interesse wecken und Bekanntheit steigern, um potenzielle Patienten positiv zu beeinflussen und bei aktuellen Patienten die Bindung an das Krankenhaus weiter zu verstärken.[308]

Der Markt der Neukundengewinnung für Krankenhäuser ist ein hart umkämpfter, für einen langfristigen Erfolg reichen daher einmalige Aktionen nicht mehr aus. Die Stabilisierung und der Ausbau eines Kundenstamms ist einen wesentlichen Faktor für den wirtschaftlichen Erfolg eines Krankenhauses.[309] Das Ziel ist es, langfristige Empfehlungs- und Wiederkehrungsbereitschaft aufgrund von Zufriedenheit und Bindung an das Krankenhaus beim Patienten zu erzeugen.[310] Daher muss es Aufgabe des Marketings sein, mittels des zur Verfügung stehenden Marketing-Instrumentariums zu erreichen, dass sich der Patient für das eigene Krankenhaus letztlich entscheidet.[311] Der Einsatz verschiedener Marketing-Maßnahmen stellt jedoch keine isolierte Teilentscheidung dar, vielmehr ist die entscheidende Kombination verschiedenster Maßnahmen von Bedeutung, der als Marketing-Mix bezeichnet werden kann.[312] Der Marketing-Mix definiert sich als „zu einem bestimmten Zeitpunkt eingesetzte Kombination von Marketing-Maßnahmen [...], welche dem Unternehmen in Bezug auf das angestrebte Marketing-Ziel den größten Nutzen stiftet".[313] Es ist ein zielgerichtetes Patientenmarketing notwendig, welches als integraler Bestandteil eines ganzheitlichen Marketing-Ansatzes verstanden wird. Die Art und Weise der Patientenkommunikation und des Marketings müssen sorgsam an den Bedürfnissen des Patienten angepasst sein.[314] Eine gezielte Produkt-, Preis-,

---

[307] Vgl. Braun (1994), S. 3.
[308] Vgl. Deutz (1999), S. 58.
[309] Vgl. Strehlau, Fiebig (2010), in: Debatin, Ekkernkamp, Schulte (Hrsg.), S. 169.
[310] Vgl. Weilnhammer (2005), S. 3ff.
[311] Vgl. Deutz (1999), S. 23.
[312] Vgl. Thommen, Achleitner (2006), S. 285.
[313] Thommen, Achleitner (2006), S. 285.
[314] Vgl. Ennker, Pietrowski (2009), S. 27.

Distributionspolitik und vor allem Kommunikationspolitik, die die individuellen Kompetenzen und Zusatzleistungen auch nach außen trägt, ist unabdingbar.[315]

Wie bereits herausgestellt wurde, ist die Kundenbeziehung das zentrale Handlungsobjekt des CRM[316] und verfolgt als primäre Zielsetzung vor allem den Aufbau profitabler Kundenbeziehungen. Somit rückt auch der Wert der Kundenbeziehung in den Fokus der Betrachtung.[317] Die alleinige Ausrichtung aller Prozesse und vor allem der Marketing-Maßnahmen an den Patienten im Sinne der Kundenorientierung ohne eine Erfolgsmessung, gerät zunehmend in die Kritik. Sie sollte sich in der Erfolgsmessung widerspiegeln.[318] Die Bedeutung eines wertorientierten Managements von Kundenbeziehungen für das Krankenhaus wird daher im nächsten Kapitel thematisiert.

---

[315] Vgl. Fleige, Phillip (2011), in: Fischer, Sibbel (Hrsg.), S. 117.
[316] Vgl. Eggert (2001), in: Eggert, Fassot (Hrsg.), S. 90.
[317] Vgl. Hippner (2006), in: Hippner, Wilde (Hrsg.), S. 22.
[318] Vgl. Helm, Günter (2006), in: Günter, Helm (Hrsg.), S. 6

5 Die Bedeutung eines wertorientierten Patientenbeziehungsmanagements

Als primäre Zielsetzung verfolgt das CRM den Aufbau profitabler Kundenbeziehungen, sodass auch der Wert der Kundenbeziehung im Mittelpunkt der Betrachtung steht.[319] Kundenorientierung, -zufriedenheit und -bindung bilden die Voraussetzung für ein erfolgreiches Kundenmanagement. Es wird davon ausgegangen, dass die Größen in ihrem Zusammenspiel den Unternehmenserfolg nachhaltig beeinflussen und sich letztlich im Kundenwert manifestieren.[320]

Der Begriff Kundenwert lässt Interpretationsspielraum zu. Er kann aus Sicht des Kunden und aus Sicht des Unternehmens betrachtet werden.[321] Im Fokus des CRM steht der Kundenwert aus Unternehmenssicht, also der Wert des Kunden, der als Beitrag eines Kunden oder einer Kundengruppe zur Erreichung der Ziele eines Unternehmens verstanden werden kann.[322] Der Kundenwert ist eine Größe zur Beurteilung der eingesetzten Mittel und des daraus resultierenden Nutzens aus einer Kundenbeziehung hinsichtlich des Beitrags zur Erfüllung der Unternehmensziele[323] und ist damit die zentrale Steuerungs- bzw. Zielgröße eines CRM.[324] Der anbieterorientierte Kundenwert stellt damit das zentrale Verbindungselement zwischen der Wertorientierung und der Kundenorientierung von Unternehmen dar und liefert dem Anbieterunternehmen eine Möglichkeit, Kundenbeziehungen einer Effizienzbetrachtung zu unterziehen.[325]

Betrachtet man den Kundenwert, als Indikator für die Beziehungsintensität im Zusammenhang mit den einzelnen Phasen der Kundenbeziehung[326], so lässt sich in der Phase der Kundenbindung die stärkste Beziehungsintensität und somit der höchste Kundenwert identifizieren.

---

[319] Vgl. Hippner (2006), in: Hippner, Wilde (Hrsg.), S. 22.
[320] Vgl. Helm, Günter (2006), in: Günter, Helm (Hrsg.), S. 11.
[321] Vgl. Cornelsen (2000), S. 33.
[322] Vgl. Cornelsen (2000), S. 43.
[323] Vgl. Clausen (2010), S. 113.
[324] Vgl. Heinrich (2011), S. 7.
[325] Vgl. Clausen (2010), S. 63.
[326] Siehe dazu Kapitel 3.1.2.

Abb. 7 *Beziehungsintensität im Kundenbeziehungslebenszyklus*

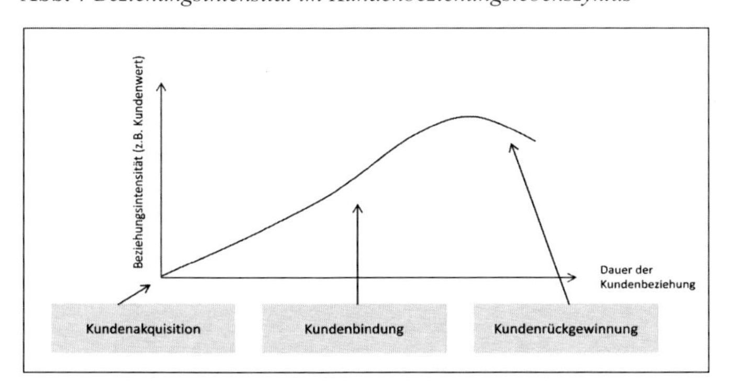

Quelle: Eigene Darstellung in Anlehnung an Bruhn (1999), S. 191; Stauss (2000), S. 16.

Um ein kundenwertorientiertes Management umsetzen zu können, müssen die möglichen Wertbeiträge der Kunden evaluiert werden. Die Bestimmung des Wertbeitrags und auch die Bewertung des Kunden im Allgemeinen ist ein komplexes, vielfach diskutiertes und ungelöstes Problem. Trotz der Vielzahl aktueller Publikationen findet sich kaum ein Ansatz, der Allgemeingültigkeit in der Bewertung aufweist oder auf alle Branchen und Kundenstrukturen ohne eine Anpassung übertragbar ist.[327]

Zahlreiche Methoden zur Berechnung des Kundenwertes können nach verschiedenen Kriterien differenziert werden.[328] Unter anderem kann eine Unterteilung in monetäre und nicht-monetäre Verfahren vorgenommen werden. Monetäre Analysen sind eindeutig. Daher können direkte Kundenvergleiche erfolgen und die Ergebnisse in Kalkulationen und Budgetrechnungen integriert werden. Sie haben ein hohes Ansehen bei ökonomisch geprägten Entscheidungen, vor allem dann, wenn die benötigten Erlös- und Kostenzahlen direkt aus dem internen Rechnungswesen gewonnen werden können. Die Aussagekraft ist jedoch begrenzt, da nicht direktmonetäre Bestimmungsfaktoren hierbei vernachlässigt werden.[329] Monetäre Bewertungen der Kundenbeziehung sind beispielsweise möglich durch die Ermittlung von

[327] Vgl. Clausen (2010), S. 119.
[328] Vgl. Bruhn et al. (2000), S. 169f.
[329] Vgl. Clausen (2010), S. 120.

Kundenumsätzen, Deckungsbeiträgen oder auch des Kundenertragswertes, der folgend auch als Customer Lifetime Value (CLV) bezeichnet wird.[330]

Nicht monetäre Bewertungsverfahren stellen rein qualitative Bewertungen der Kundenbeziehung dar, verzichten auf die Abbildung monetärer Wertbeiträge und erleichtern daher die Integration verschiedenster Bestimmungsfaktoren.[331] Mit diesen Verfahren können zum Beispiel mit Hilfe schriftlicher Fragebögen Dienstleistungs-und Beziehungsqualität und Kundenzufriedenheit erhoben werden.[332] Weiterführende Literatur zur Unterteilung von Bewertungsverfahren bietet vor allem Bruhn et al. (2000) S. 169f.

Die Überlegungen des wertorientierten Kundenmanagements können auch auf das Krankenhaus übertragen werden, denn mit Blick auf die genannten Entwicklungen auf dem Gesundheitsmarkt,[333] kann es auch für ein Krankenhaus von großer Bedeutung sein, den finanziellen Return strategischer Initiativen messen und managen zu können.[334] Durch die Einführung der DRG-Vergütung und damit die Etablierung eines leistungsorientierten Entgeltsystems, das Wirtschaftlichkeit, Transparenz und eine gesicherte Qualität der Leistungserstellung anstrebt, werden Überlegungen zum wertorientierten Management von Kundenbeziehungen notwendig.[335]

Im Kern bedingt ein kundenwertorientiertes Management eine differenzierte Marktbearbeitung, die die unterschiedlichen Wertbeiträge von Kundensegmenten innerhalb eines Kundenstamms berücksichtigen.[336] Im Krankenhaus geht es aber vorrangig nicht um die wertorientierte Bereinigung des Patientenportfolios, sondern um das Aufdecken und Beseitigen von Ineffizienzen, um so den effizienteren Ressourceneinsatz zu fördern und die Kundenbeziehung zieladäquat zu beeinflussen.[337] Der Patient leistet einen Nutzenbeitrag zur Erfüllung der Ziele des Krankenhauses, wenn die Ausprägungen seiner Kundenwertdeterminaten[338] dazu beitragen, dass das Verhältnis zwischen dem Mitteleinsatz für Behandlung und erwünschter

---

[330] Vgl. Helmig, Graf (2010), in: Busse, Schreyögg, Tiemann (Hrsg.), S. 167.
[331] Vgl. Clausen (2010), S. 120.
[332] Vgl. Helmig, Graf (2010), in: Busse, Schreyögg, Tiemann (Hrsg.), S. 167.
[333] Siehe dazu Kapitel 2.1.
[334] Vgl. Clausen (2010), S. 112.
[335] Vgl. Clausen (2010), S. 179.
[336] Vgl. Clausen (2010), S. 41.
[337] Vgl. Clausen (2010), S. 424.
[338] Kundenwertdeterminanten werden im Folgenden auf Seite 53f. näher betrachtet.

Wirkung bestmöglich ist, also effizient ist. Erwünschte Wirkungen können hierbei unter anderem auch mit Bedarfsdeckung, optimale Krankenversorgung, Wirksamkeit, Qualität, Überlebensfähigkeit gleichgesetzt werden.[339]

Es sollte im Krankenhaus nicht um eine ethisch bedenkliche Diskriminierung von nicht-lukrativen Patienten gehen. Ziel ist es, Potenziale aufzuzeigen, die dazu dienen, die Leistungsbeziehungen zum Patienten zu einem höheren Zielbeitrag zu führen, also dass die Ressourcen insgesamt wohlfahrtssteigernd eingesetzt werden. Durch eine Optimierung der Prozessabläufe können die Kosten gesenkt werden und hieraus resultierende Erlösüberschüsse für Quersubventionen anderer Bereiche eingesetzt werden. Dadurch eröffnet sich eine Möglichkeit, den Fortbestand eines Krankenhauses zu sichern und damit die medizinische Versorgung im Allgemeinen zu gewährleisten.[340]

Auch der PRM-Ansatz integriert ein Steuerungssystem zur Planung, Kontrolle und Steuerung von Aktivitäten im Rahmen eines patientenorientierten Managements, um letztlich das Erreichen der gesetzten Effizienzziele kontrollieren zu können. Dabei bietet das Modul „Unternehmenssteuerung“[341] einen Rahmen zur Einbettung unterschiedlicher Maßnahmen und liefert Steuerungsimpulse für die Wirtschaftlichkeitskontrolle aus Patienten- und aus Krankenhaussicht.[342]

Der CLV, als ein monetäres Bewertungsverfahren für die Kundenbeziehung im Sinne eines „Ertragspotenzials“, ist die wesentliche Steuerungsgröße für ein Unternehmen im Rahmen des Managements von Kundenbeziehungen.[343] „Eine konsequente und wirtschaftliche Ausrichtung des Relationship Managements kann nur auf Basis des CLV verwirklicht werden.“[344] In seiner Basisform entspricht dieser zunächst dem potenziellen Deckungsbeitrag eines Kunden während seiner Kundenbeziehung, wobei hier sämtliche Zahlungsströme, also Ein- und Auszahlungen ohne die Berücksichtigung eines Referenzzeitpunktes kumuliert werden.[345] In einem erweiterten Ansatz werden die mit der Kundenbeziehung verbundenen Kosten und

---

[339] Vgl. Clausen (2010), S. 113f.
[340] Vgl. Clausen (2010), S. S.421f.
[341] Siehe dazu Kapitel 4.1.2.
[342] Vgl. Weilnhammer (2005), S. 258.
[343] Vgl. Weilnhammer (2005), S. 214f.
[344] Bruhn et al. (2000), S. 186.
[345] Vgl. Bruhn et al. (2000), S. 171.

Erträge durch Abzinsung auf den aktuellen Zeitpunkt ermittelt.[346] Das Ertragspotenzial im CRM-Ansatz dient unter anderem als Entscheidungsgrundlage für weitere Investitionen in die Kundenbeziehung.[347]

Der CLV kann auch als eine zentrale Steuergröße im Patientenbeziehungsmanagement gesehen werden.[348] Seit Einführung der DRG-Vergütung sieht sich auch das Krankenhaus zwei den Patientenwert bestimmende Determinanten gegenüber: den Aufwendungen, die dem Krankenhaus im Zuge der Behandlung entstehen und den realisierten Erträgen, die aus den Zahlungen der Krankenkassen und aus erfolgreichen Weiterempfehlungen des Patienten resultieren.[349] Hierbei werden auch die Kosten für Kundenbetreuung und -bindung berücksichtigt.[350]

Der mögliche Rückfluss an Wertbeiträgen aus Kundenbeziehungen erweist sich als relativ komplex und darf nicht nur auf die Betrachtung reiner monetärer Größen beschränkt werden.[351] Der Wert eines Kunden wird häufig in einen monetären und in einen nicht-monetären Kundenwert unterteilt. Diese Differenzierung erscheint jedoch problematisch, da jeder nicht-monetäre Wert auch – zumindest annäherungsweise – monetarisiert werden kann.[352] Neben Güter-, Waren- und monetären Zahlungsströmen wird der kundenbezogene Austauschprozess immer auch durch weitere Wirkungsgrößen begleitet, die zwar nicht ursächlich monetärer Natur sind, sich aber durchaus auf die ökonomische Situation der Unternehmens auswirken und somit indirekt monetäre Wertbeiträge darstellen. Diese indirekt monetären Kundenwertdeterminanten leisten dementsprechend neben den oben angeführten direkten monetären, einen zentralen Beitrag zur Steigerung des monetären Nutzenbeitrags des Kunden.[353]

Hippner, an dessen Unterteilung sich auch Weilnhammer orientiert, differenziert die Determinanten des Kundenwerts wie in der folgenden Abbildung dargestellt.[354]

---

[346] Vgl. Weilnhammer (2005), S. 214f.
[347] Vgl. Schröder (2009), in: Wall, Schröder (Hrsg), S. 128.
[348] Vgl. Weilnhammer (2005), S. 261.
[349] Vgl. Schröder (2009), in: Wall, Schröder (Hrsg), S. 128.
[350] Vgl. Töpfer (2008), in: Töpfer (Hrsg.), S. 643.
[351] Vgl. Günter (2006), in: Günter, Helm (Hrsg.), S. 249.
[352] Vgl. Cornelsen (2001), S. 30.
[353] Vgl. Clausen (2010), S. 88.
[354] Vgl. Hippner (2006), in: Hippner, Wilde (Hrsg.), S. 25ff.

Abb. 8 *Determinanten des Kundenwerts*

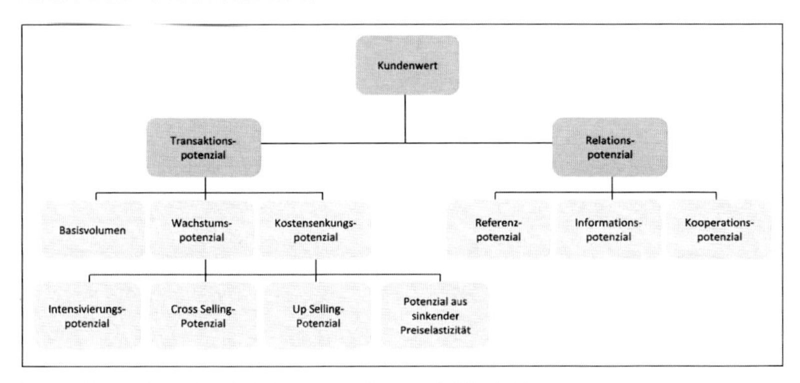

Quelle: Eigene Darstellung in Anlehnung an Hippner (2006), S. 27.

Das *Transaktionspotenzial* ist der künftig zu erwartende Deckungsbeitrag aus der Kundenbeziehung. Das Transaktionspotenzial besteht aus dem Basisvolumen, dem Kostensenkungs- und Wachstumspotenzial.

Das Basisvolumen ist das Ertragsvolumen der bisherigen Kundenbeziehung. Das Kostensenkungspotenzial entsteht daraus, dass der Anbieter die Bedürfnisse des Kunden im Laufe der Beziehung besser kennt und so effizienter bedienen kann. Zudem gewinnen Kommunikation und Prozesse an Effizienz, da eine Standardisierung bzw. Übung auf beiden Seiten eintritt. Die letzte Komponente des Transaktionspotenzials ist das Wachstumspotenzial und resultiert aus positiven oder negativen Veränderungen der zu erwartenden Änderungen im Kaufverhalten des Kunden. Komponenten dabei sind unter anderem das Intensivierungspotenzial, welches sich in einer Ausweitung des Ertragsvolumens beispielsweise über erhöhte Wiederkehrraten zeigt. Aber auch das Cross und Up Selling-Potenzial und das Potenzial aus sinkender Preiselastizität, das auf der Annahme beruht, dass der Kunde eher bereit ist, bei höherer Bindung auf Preisvorteile wie Rabatte zu verzichten, zählen hierzu.[355]

Neben dem Transaktionspotenzial, das aus dem eigentlichen Kaufvorgang hervorgeht, kann der Patient auch durch sein Verhalten während der gesamten Beziehung

[355] Vgl. Weilnhammer (2005), S. 262.

für das Krankenhaus eine zusätzliche Wertkomponente darstellen.[356] Diese Werttreiber werden im *Relationspotenzial* zusammengefasst und umfasst die Komponenten Referenz-, Informations- und Kooperationspotenzial.

Das Referenzpotenzial wird bestimmt durch die Einflussnahme aktueller Kunden auf die Kaufentscheidung Dritter. Die Empfehlungsstärke eines Kunden wird bestimmt durch die Anzahl und Intensität seiner sozialen Kontakte zu weiteren potenziellen Kunden und seiner Bereitschaft zur Empfehlung. Das Informationspotenzial entsteht dadurch, dass der Anbieter durch seine Kunden wertvolle Informationen über deren Anforderungen und Bedürfnisse und zu Produkt- und Leistungsvorschlägen erhält. Zudem wird auch dem Kooperationspotenzial eine werttreibende Wirkung zugeschrieben. Das Potenzial zeigt sich in der Bereitschaft des Kunden zur Mitarbeit im Leistungserstellungsprozess.[357]

Geht man davon aus, dass bei einem Patienten mehrfach im Leben die Nachfrage nach Gesundheitsleistungen besteht, so sind auch zukünftige monetäre Wertpotenziale gegeben, die sich positiv auf das Transaktionspotenzial auswirken. Jedoch ist es davon abhängig, ob der Patient bereit ist, erneut im gleichen Krankenhaus Leistungen nachzufragen. Der Bedarf nach Krankenhausleistung entsteht in der Regel erst im Krankheitsfall. Daher liegt im Krankenhaussektor eine besondere Gewichtung auf Betrachtung des Relationspotenzials.[358]

Der CLV, der nur Einnahmen und Ausgaben einbezieht, vernachlässigt den Wert einer Kundenbeziehung hinsichtlich seiner Relationspotenziale. Potenzialwerte sind jedoch für das Krankenhaus von entscheidender Bedeutung.[359] Mit Hilfe des Relationspotenzialwertes kann der CLV so erweitert werden, dass eine sinnvolle Anwendung auf Patienten möglich wird. Daher erweitert auch *Weilnhammer* den Kapitalertragswert um diese Komponenten. Die Erweiterung wird durch die Formel in der folgenden Abbildung noch einmal verdeutlicht. Um eine Abgrenzung zum CLV in seiner Basisform und eine Adaption auf das Krankenhaus zu verdeutlichen,

---

[356] Vgl. Hippner (2006), in: Hippner, Wilde (Hrsg.), S. 28.
[357] Vgl. Weilnhammer (2005), S. 262f.
[358] Vgl. Clausen (2010), S. 116.
[359] Vgl. Weilnhammer (2005), S. 261 ff.

wird für den erweiterten Kundenertragswert die Bezeichnung „Patient Lifetime Value" (PLV) gewählt.[360]

Abb. 9 *Patient Lifetime Value*

$$PLV = E_0 - A_0 + \sum_{i=1}^{n} (E_i - A_i)q^{-1} + RPW_k$$

Transaktionspotenzia Relationspotenzial

Potenzialwert

Quelle: Eigene Darstellung in Anlehnung an Weilnhammer (2005) S. 264.

E; A	Erträge, Aufwendungen aus der Geschäftsbeziehung zum Kunden bis zum gewählten Bewertungszeitraum
q	1+i, i ist der Kalkulationszinsfuß
n	letzte Betrachtungsperiode der mehrjährigen Kundenbeziehung
RPW_k	periodenbezogener Relationspotenzialwert des Kunden k

Weiterführende Literatur zur detaillierteren Ermittlung der einzelnen Potenzialwerte und schließlich des Relationspotenzialwertes, bietet Cornelsen (1998).

Der PLV weist jedoch eine differenzierte und vom jeweiligen Krankenhaus abhängige Struktur auf. Je nach Krankenhaus können bestimmte Beiträge zum Kundenwert anfallen oder auch unterschiedlich gewichtet werden, so ist beispielsweise in der Intensivmedizin kaum von einem Kostensenkungspotenzial durch Patientenbindung auszugehen. Referenzpotenziale haben hier voraussichtlich kaum Wirkung, da die Empfehlung nicht zu einer bewussten Wahl einer Intensivstation durch den Patienten in einer Notfallsituation führen wird.[361]

Um den monetären und indirekten Wertbeitrag eines Patienten im Krankenhaus positiv zu beeinflussen, können beispielsweise Prozessmanagement, Auslastungs-, Qualitätsmanagement sowie Maßnahmen zur Sicherung der Patientenzufriedenheit

[360] Vgl. Schröder (2009), in: Wall, Schröder (Hrsg), S. 139
[361] Vgl. Weilnhammer (2005), S. 264.

gezielt eingesetzt werden.[362] Verschiedene Instrumente eignen sich, die indirekt monetären Wertbausteine zu beeinflussen. Zur Verdeutlichung der Zusammenhänge dient folgendes Beispiel.

Klinische Behandlungspfade unterstützen beispielsweise die Integration des Patienten in den Behandlungsprozess. Er ist aufgefordert aktiv am Prozessgeschehen teilzunehmen, sein Wissen zu integrieren und ist dazu beauftragt, die Einhaltung des definierten Behandlungspfades zu kontrollieren. Durch die transparente Gestaltung des Leistungsprozesses und durch die umfassende Information des Patienten wird einerseits zur Qualitätssicherung beigetragen, andererseits steigt tendenziell die Patientenzufriedenheit. Damit gelingt es, den Informations- und den Kooperationswert zu steigern. Im Falle einer hohen Patientenzufriedenheit ist zusätzlich davon auszugehen, dass auch der Referenzwert gesteigert werden kann. Diese Maßnahmen tragen durch ihre kostensenkende Wirkung und durch die Sicherung der Kapazitätsauslastung zur Erhöhung des monetären Wertbeitrags bei. Beispielsweise ist durch den Einsatz von Prozessmanagement und damit durch die Optimierung der Leistungsprozessabläufe davon auszugehen, dass die Inanspruchnahme der betrieblichen Ressourcen verringert und ineffiziente Leistungsbereiche aufgedeckt und abgebaut werden können. Die daraus resultierende Kostenersparnis führt letztlich dazu, dass die Leistung mindestens kostendeckend erbracht werden kann. Sind die Istkosten geringer als die Sollkosten im Sinne der DRG-Vergütung, wird der monetäre Wertbeitrag des Patienten erhöht.[363]

Weiterführende Literatur zur Optimierung des Wertbeitrages eines Patienten liefert Clausen (2010). Clausen beschäftigt sich unter anderem mit der Analyse und der aktiven Beeinflussung von Kundenwertbausteinen für Patienten eines Krankenhauses. Dabei unterbreitet sie Vorschläge zur verbesserten Ausschöpfung der Wertpotenziale und liefert einen Maßnahmenkatalog, der es Krankenhäusern erlaubt, Patientenwerttreiber zu identifizieren und gezielte Kosten-, Qualitäts- und Prozessoptimierungen durchzuführen.[364]

Um ein möglichst präzises und anwendbares Verfahren der Kundenbewertung zu erreichen, besteht in der Theorie und Praxis bisweilen ein erheblicher Bedarf an

---

[362] Vgl. Clausen (2010), S. 409.
[363] Vgl. Clausen (2010), S. 409f.
[364] Vgl. Clausen (2010), S. 425.

Weiterentwicklung.[365] „Die Vielfalt möglicher Forschungsansätze verdeutlicht, dass der Forschungsprozess zum wertorientierten Management von Patientenbeziehungen [...] sicherlich noch in den Kinderschuhen steckt.“[366] Es sind Probleme zu verzeichnen, die sich aus der Anwendung in der Praxis ergeben. Problemfelder sind unter anderem die Komplexität der Datenerhebung und -speicherung und die hohen Kosten, die durch die Berechnungen entstehen.[367]

Es gibt zahlreiche Methoden den Wert von Kundenbeziehungen zu ermitteln bzw. darzustellen. Der in diesem Kapitel detailliert dargestellte Kundenertragswert ist dabei nur eine Möglichkeit. Weiterführende Literatur zu Methoden der Ermittlung des Kundenwerts im Krankenhaus, vor allem zur ABC-Analyse und zu Kundenscoringmodellen, bietet Clausen (2010), S. 161ff. Des Weiteren kommt in diesem Zusammenhang auch dem operativen und vor allem strategischen Controlling eines Krankenhauses eine besondere Bedeutung zu. Das Controlling hat unter anderem die Aufgabe, Prozesse zu optimieren und die Geschäftsfeld-, Investitions- und Leistungsprogrammplanung zu koordinieren und wichtige Kenngrößen beizusteuern.[368] Weiterführende Literatur bietet hierzu Fleßa, Weber (2010), in: Busse, Schreyögg, Tiemann.

In diesem Kapitel wurde die Bedeutung des wertorientierten Managements von Patientenbeziehungen dargestellt. Hierbei wurde die Relevanz für ein Krankenhaus aufgezeigt und der Nutzen vor dem Hintergrund des Zielsystems der Krankenhäuser aufgezeigt. Im Mittelpunkt der Betrachtung stand der CLV, als eine monetäre Bewertungsgröße für den Kundenwert. Mit Hilfe von indirekt monetär wirksamen Determinanten des Kundenwerts wurde der CLV erweitert und stellt somit auch für das Krankenhaus eine Methode dar, um einen effizienten Ressourceneinsatz zu fördern. Dieses Kapitel setzte dabei seinen Schwerpunkt auf die Darstellung und Bedeutung der einzelnen Wertdeterimanten des Kundenwerts und deren Integration in die Berechnung des PLV.

---

[365] Vgl. Bruhn et al. (2000), S. 184.
[366] Clausen (2010), S. 427.
[367] Vgl. Bruhn et al. (2000), S. 184.
[368] Vgl. Fleßa, Weber (2010), in: Busse, Schreyögg, Tiemann (Hrsg.), S. 356ff.

6 Die direkte Patientenakquisition als eine Option zum Erreichen der wirtschaftlichen Ziele eines Krankenhauses

Das 6. Kapitel versucht abschließend die Frage zu klären, ob die direkte Patientenakquisition im Rahmen eines Managements von Patientenbeziehungen tatsächlich auch eine Option zum Erreichen der wirtschaftlichen Ziele eines Krankenhauses darstellt.

Krankenhäuser sehen sich einem verschärften Wettbewerb ausgesetzt. In Kapitel 2.1 wurden die politisch-rechtlichen und ökonomischen Veränderungstreiber des Krankenhaussektors aufgeführt.[369] Die Veränderungstreiber führen dazu, dass Krankenhäuser nun gezwungen sind, ihre Bettenkapazitäten auszulasten und zusätzliche Gewinne zu generieren, um letztlich am Markt bestehen zu können.

In erster Linie finden die Patienten den Weg über den Einweiser in ein Krankenhaus. Krankenhäuser sind daher stets bemüht Beziehungen zu einweisenden Ärzten aufzubauen, um einen stabilen Patientenfluss gewährleisten zu können. In der Literatur haben sich dazu Begriffe wie Einweisermanagement, Einweiserbeziehungsmanagement oder aber auch Zuweisermarketing etabliert.[370]

Neben den veränderten Rahmenbedingungen im Krankenhausmarkt trägt auch die neue Rolle des souveränen Patienten – der am Entscheidungsprozess für ein geeignetes Krankenhaus teilhaben möchte – dazu bei, dass Krankenhäuser den Patienten als einen potenziellen Kunden anerkennen. „Krankenhäuser stehen nun vor der Herausforderung, den Patienten als Primärkunden zu identifizieren und für sich zu gewinnen."[371]

Durch den Einsatz des Patientenbeziehungsmanagements mit gezielten Marketing-Maßnahmen wollen Krankenhäuser potenzielle Patienten für sich gewinnen und durch den Aufbau einer langfristigen und profitablen Beziehung an das Krankenhaus binden. So sollen Bettenkapazitäten ausgelastet und zusätzliche Gewinne erwirtschaftet werden, um somit die Existenz des Krankenhauses sichern zu können.

---

[369] Vgl. Ennker, Pietrowski (2009), S. 70.
[370] Vgl. u.a. Oberreuter (2010), in: Debatin, Ekkernkamp, Schulte; Raab, Drissner (2011) und Saßen, Franz (2007).
[371] Weilnhammer (2005), S. 3.

Obwohl ein patientenorientierter Management-Ansatz grundsätzlich in allen Patienten- und Leistungsbereichen des Krankenhauses einsetzbar ist, sind die Wirkungspotenziale in einigen Bereichen jedoch vermindert.[372]

Ein begrenzender Faktor liegt in der Limitierung der Patientensouveränität selbst. In Kapitel 2.2 wurde ausführlich aufgezeigt, wie sich die Rolle des Patienten hin zu einem souveränen Patienten gewandelt hat. Doch auch weiterhin werden Informationsasymmetrien bestehen bleiben.[373] Es gibt Bereiche und Situationen, in denen eine freie Krankenhauswahl nicht möglich ist. So gibt es bestimmte Patientenklassen, wie zum Beispiel Kinder, Bewusstlose oder psychisch Erkrankte oder aber auch Versorgungsstrukturen wie die Akutversorgung, die keinen Einfluss auf die Krankenhauswahl ermöglichen.[374] „Ist ein Patient krank, kann er es sich zumeist nicht erlauben, die Leistungen nicht in Anspruch zu nehmen und muss daher „kaufen".[375]

Eine völlig freie Krankenhauswahl ist auch gesetzlich nicht vorgesehen. Gemäß §73 SGB V bedarf es, außer bei Notfällen, für die Krankenhausbehandlung im Rahmen der durch die Krankenkassen abgedeckten Krankenhausleistungen einer Verordnung durch einen niedergelassenen Arzt. Dieser prüft und begründet deren Notwendigkeit, die auf dem dafür vorgesehenen Vordruck zu erläutern ist. Auf dem Vordruck sind „in den geeigneten Fällen" die zwei nächsterreichbaren, für die vorgesehene Krankenhausbehandlung geeigneten Häuser anzugeben.[376]

Im SGB V wird jedoch nicht spezifiziert, welche Fälle geeignet sind. Bei Aushändigung der Verordnung soll der Vertragsarzt den Patienten auf die Genehmigungspflicht der Krankenhausbehandlung hinweisen. Auf dem Vordruck wird darauf hingewiesen, dass die Krankenkasse die Kostenübernahme der Krankenhausbehandlung ansonsten ablehnen kann. In der Konsequenz führen die Regelungen in Einzelfällen dazu, dass Krankenkassen höhere Behandlungskosten oder aber Krankentransportleistungen von den Versicherten zurückverlangen.[377]

Wenn ein Patient keinen Einfluss auf die Wahl des Krankenhauses hat, so kann ein auf den Patienten ausgerichtetes CRM dessen Kundenwert auch nicht steigern.

---

[372] Vgl. Weilnhammer (2005), S. 421f.
[373] Vgl. Weilnhammer (2005), S. 424.
[374] Vgl. Ennker, Pietrowski (2009) S. 229.
[375] Heinrich (2011), S. 11.
[376] Vgl. Geraedts, de Cruppé (2011), in: Klauber et al. (Hrsg.), S. 94f. i.V.m. SGB V §73 Abs. 4.
[377] Vgl. Geraedts, de Cruppé (2011), in: Klauber et al. (Hrsg.), S. 94f. i.V.m. SGB V §39 Abs. 2.

Heinrich kommt zum Schluss, dass ein direkt auf den potenziellen Kunden ausgerichtetes CRM insgesamt wenig sinnvoll ist.[378]

Da ärztliche Leistungen einen hohen Anteil an Vertrauenseigenschaften besitzen, ist es kaum verwunderlich, dass die Empfehlung des niedergelassenen Arztes, der mit Abstand bedeutendste Faktor bei der Wahl des Krankenhauses ist.[379]

Meist wird jedoch die Entscheidung gemeinschaftlich getroffen. Zum einen wird dies den Patienten gerecht, die einen Einfluss auf die Einweisung nehmen wollen und zum anderen hat auch der Arzt ein Interesse daran, das Vertrauensverhältnis zum Patienten aufrechtzuerhalten. Aufgrund der freien Arztwahl des Patienten in der ambulanten Versorgung sind auch niedergelassene Ärzte daran interessiert, eine stabile Beziehung zu ihren Patienten zu pflegen.[380]

Ein weiterer begrenzender Faktor für den Einsatz eines patientenorientierten Managements liegt darin, dass der Bedarf nach einer Krankenhausleistung nur im Krankheitsfall entsteht, das heißt, die Nachfrage kann nicht durch das Krankenhaus gesteuert werden. Der niedergelassene Arzt dient als Absatzmittler und steuert die Nachfrage nach stationären Leistungen. Im Zeitablauf ist die aggregierte Nachfrage eines Arztes wesentlich stabiler und für ein Krankenhaus somit besser abzuschätzen. Für *Heinrich* ist daher eine stärkere Beziehungsorientierung des Krankenhauses zu den Einweisern eher von Bedeutung, als zu den Patienten.[381]

Einige Menschen müssen in ihrem Leben wiederholt ein Krankenhaus aufsuchen. Es profitiert davon, wenn sich die ehemaligen Patienten erneut für dasselbe Krankenhaus entscheiden.

Von weit aus größerer Bedeutung ist die Wirkung von Weiterempfehlungen zufriedener Patienten. Ein Wachstumseffekt erwächst aus dem Referenzeffekt der Kundenbindung. Dieser liegt darin, dass gebundene Patienten aufgrund ihrer besseren Kenntnis des Krankenhauses und ihrer höheren Glaubwürdigkeit als Privatpersonen bevorzugt als Meinungsführer und als Informationsquelle fungieren.[382] Krankenhäuser sind darauf angewiesen, dass über die Mund-zu-Mund-Kommunikation zufrie-

---

[378] Vgl. Heinrich (2011), S. 12.
[379] Vgl. Heinrich (2011), S. 12.
[380] Vgl. Geraedts, de Cruppé (2011), in: Klauber et al. (Hrsg.), S. 94f.
[381] Vgl. Heinrich (2011), S. 13.
[382] Vgl. Diller (2006), in: Hippner, Wilde (Hrsg.), S. 109.

dener Patienten ein substanzieller, wenn auch informeller Reputationsaufbau geleistet wird.[383] Krankenhäuser sind wie andere Unternehmen davon abhängig, von Patienten, Angehörigen, Ärzten oder der Öffentlichkeit weiter empfohlen zu werden.[384] Um Zufriedenheit, Loyalität und letztlich eine Bindung bei den Patienten zu erzeugen, muss ein Krankenhaus sich an deren Bedürfnisse orientieren.[385]

Die positive Erfahrung und die Weiterempfehlung zufriedener Patienten hat nicht nur eine Wirkung auf künftige Patienten, sondern auch auf den niedergelassenen Arzt, der als Einweiser fungiert. Durch die Rückmeldungen zufriedener und nicht zufriedener Patienten erhält er einen Eindruck vom Krankenhaus und kann somit sein zukünftiges Einweiserverhalten anpassen.[386]

Die aufgezeigten Argumente legitimieren den Einsatz eines Patientenbeziehungsmanagements im Krankenhaus und die direkte Ansprache der Patienten mit Hilfe gezielter Marketing-Maßnahmen. Wie in Kapitel 4.2 aufgezeigt wurde, hat auch ein Krankenhaus die Möglichkeit vielfältige Marketing-Maßnahmen umzusetzen, um das Interesse neuer Patienten zu wecken. Ein erster Kontakt zum Krankenhaus ist Voraussetzung für den Aufbau einer Bindung, denn die Wirkungskette der Kundenbindung[387] wird erst durch den Erstkontakt des Kunden angestoßen.[388]

In einer Studie konnte ein positiver Zusammenhang zwischen der Intensität des patientenorientierten Management-Ansatzes und der Bettenauslastung, der einer der wichtigsten Erfolgsgrößen eines Krankenhaus ist, festgestellt werden. Die Wirkung der direkten Patientenakquisition ist jedoch dann als besonders gut einzuschätzen, wenn die volle Entscheidung beim Patienten liegt. Dies ist insbesondere in den Selbstzahler-Segmenten der Fall.[389]

Für das Krankenhaus ist eine stabile Beziehung zu Einweisern zweifelsohne von großer Bedeutung. Vor allem da der einweisende Arzt aufgrund seiner Stellung, seiner Kompetenz und seinem Informationsvorsprung einen Vertrauensvorschuss genießt. Es wurde aber auch aufgezeigt, dass ein Krankenhaus durch die direkte

---

[383] Vgl. Tscheulin, Dietrich (2010), in: Georgi, Hadwich (Hrsg.), S. 261.
[384] Vgl. Ennker, Pietrowski (2009), S. 45.
[385] Vgl. Tscheulin, Dietrich (2010), in: Georgi, Hadwich (Hrsg.), S. 261.
[386] Vgl. Raab, Drissner (2011), S. 135.
[387] Siehe Kapitel 3.1.
[388] Vgl. Hippner (2006), in: Hippner, Wilde (Hrsg.), S. 31.
[389] Vgl. Weilnhammer (2005), S. 422f.

Patientenakquisition einen Einfluss auf den Patientenfluss nehmen kann, um so letztlich die Zahl der zu behandelnden Patienten steigern zu können. Man geht insgesamt davon aus, dass zumindest für rund 60 Prozent aller Krankenhausfälle eine Wahlentscheidung in Bezug auf das Krankenhaus möglich wäre.[390] Ausgelastete Bettenkapazitäten und zusätzliche Einnahmen sichern die Existenz von Krankenhäusern und tragen dazu bei, im steigenden Wettbewerb auf dem Krankenhausmarkt bestehen zu können.

[390] Vgl. Geraedts, de Cruppé (2011), in: Klauber et al. (Hrsg.), S. 95.

7 Schlussbetrachtung

In diesem Buch wurde das Management von Patientenbeziehungen als eine neue Herausforderung im Klinikmarketing thematisiert. Dabei sollte herausgestellt werden, ob die direkte Patientenakquisition im Rahmen eines Patientenbeziehungsmanagements eine Option darstellt, die wirtschaftlichen Ziele eines Krankenhauses realisieren zu können.

Das 2. Kapitel befasste sich mit den Veränderungstreibern auf dem Krankenhausmarkt. Kapitel 2.1 zeigte zunächst die sich veränderten Rahmenbedingungen des deutschen Gesundheitsmarktes auf, die als Veränderungstreiber wirken. Krankenhäuser sehen sich insgesamt einem verschärften Wettbewerb ausgesetzt. Sie sind nun bemüht, ausreichend Patienten zu gewinnen. Des Weiteren wurde in Kapitel 2.2 der souveräne Patient als ein weiterer Veränderungstreiber identifiziert. Der Patient nimmt nun die Rolle eines proaktiven „Gesundheitskonsumenten" ein.[391] Die Sicht auf den Arzt hat sich gewandelt vom Entscheider hin zu einem Berater.[392] Es vollzog sich insgesamt ein Wandel vom anbieter- hin zu einem nachfrageorientierten Markt. Diese Veränderungen sind Grundlage dafür, auch in einem Krankenhaus Kundenbeziehungsmanagement-Grundsätze anwenden zu können.

Das Management von Patientenbeziehungen wurde darauf hin im 3. Kapitel in den Fokus gestellt. Zunächst wurden in Kapitel 3.1 anhand des klassischen Kundenbezeihungsmanagements branchenunabhängig einige Grundlagen gelegt. Dabei wurden zuerst einige Begrifflichkeiten voneinander abgegrenzt und definiert, um danach die Grundzüge des beziehungsorientierten Managements darlegen zu können. Dabei wurden der Kundenbeziehungslebenszyklus und die Wirkungskette der Kundenbindung vorgestellt. Auf diesen Grundlagen aufbauend, konnte in Kapitel 3.2 letztlich das beziehungsorientierte Management in einem Krankenhaus vorgestellt werden. Um herauszuheben, warum eine nicht-modifizierte Übertragung des Kundenbeziehungsmanagement-Ansatzes auf das Krankenhaus wenig sinnvoll ist, wurden die Besonderheiten der Krankenhausdienstleistung herausgestellt, um im nächsten Schritt das Patientenbeziehungsmanagement thematisieren zu können. Dabei wurde der PRM-Ansatz von Weilnhammer vorgestellt, dessen Perspektiven es

[391] Vgl. Fleige, Philipp (2011), in: Fischer, Sibbel (Hrsg.), S. 108.
[392] Vgl. Weilnhammer (2005), S. 164.

ermöglichen, verschiedene Blickwinkel auf die Einflussfaktoren, Determinanten und Gestaltungsfelder der Patientenbeziehung zu erhalten.

Das 4. Kapitel betrachtete Handlungsoptionen und Marketing-Maßnahmen im Rahmen des Patientenbeziehungsmanagements. Dabei wurden zuerst in Kapitel 4.1 Handlungsoptionen aufgezeigt, die sich im Rahmen des umfassenden Konzeptes von Weilnhammer aus der „Perspektive des Managements“ ergeben. Der Schwerpunkt lag auf den Marketing-Maßnahmen eines Krankenhauses. Verschiedene Instrumente des Marketings und dessen Ausgestaltungsmöglichkeiten wurden anhand des 4-P-Modells detailliert in Kapitel 4.2 dargestellt.

Da das Kundenbeziehungsmanagement den Aufbau langfristiger und vor allem profitabler Beziehungen bezweckt, muss der Blick auch auf den Wert einer Kundenbeziehung gerichtet werden. Das 5. Kapitel beschäftigte sich mit der Bedeutung eines wertorientierten Patientenbeziehungsmanagements. Hierbei wurde herausgestellt, dass es vordergründig im Krankenhaus nicht um die Bereinigung des Patientenportfolios geht, sondern um das Aufdecken und Beseitigen von Ineffizienzen, um einen effizienten Ressourceneinsatz zu fördern. Als ein besonders geeignetes Verfahren zur Ermittlung und Steuerung des Kundenwertes wurde der Customer Lifetime Value vorgestellt. Doch erst durch seine Erweiterung mit indirekt-monetären Größen, die einen Einfluss auf den Kundenwert haben, kann der Einsatz des CLV als „Patient Lifetime Value“ im Krankenhaus sinnvoll sein.

Im 6. Kapitel wurde schließlich die Frage beantwortet, ob die direkte Patientenakquisition im Rahmen eines Managements von Patientenbeziehungen tatsächlich eine Option zum Erreichen der wirtschaftlichen Ziele eines Krankenhauses darstellt. Dabei wurde herausgestellt, dass primär über die Einweiser der Patient den Weg in das Krankenhaus findet. Doch durch die Souveränität des Patienten nehmen auch diese einen Einfluss auf den Einweiser und dessen Entscheidung. Zudem bieten auch Selbstzahler-Segemente die Möglichkeit eines direkten Zugangs in ein Krankenhaus. „Jene Krankenhäuser werden es daher leichter haben, die es verstehen, ihre Leistungen gekonnt zu vermarkten.“[393] Aus diesem Grund stellt die direkte Patientenakquisition im Rahmen des Patientenbeziehungsmanagements eine Option dar, die wirtschaftlichen Ziele eines Krankenhauses erreichen zu können.

---

[393] Deutz (1999), S. 28.

Abschließend ist anzumerken, dass das Patientenbeziehungsmanagement umfassend und zielgerichtet ausgestaltet sein muss. Gezielte Aktivitäten der Kundenbindung sind im Rahmen eines Kundenbeziehungsmanagements stets mit Kosten verbunden.[394] Krankenhäuser haben meist enge finanzielle Handlungsspielräume, um beispielsweise Marketing-Maßnahmen durchführen zu können.[395] In einer Wirtschaftlichkeitsbetrachtung sind die jeweiligen Nutzeneffekte erst einmal gegenüberzustellen.[396] Die Marketingbudgets der einzelnen Krankenhäuser werden zu gering angesetzt. Dabei wird übersehen, dass ein durchschnittliches Krankenhaus einen substanziellen Anteil an Gesundheitsleistungen so verliert. Krankenhäuser müssen beginnen, die erbrachten Leistungen als besondere Dienstleistungen herauszustellen, nämlich die Erbringung von Gesundheitsleistungen.[397]

Eine interessante Erweiterung der vorliegenden Thematik ergibt sich mit Blick auf neue Zielgruppen für das Krankenhaus. Eine weitere Kundengruppe stellen dabei ausländische Patienten dar.[398] Kleinere Fachkliniken oder Krankenhäuser in der Schwerpunktversorgung haben das Potenzial ihre freien Kapazitäten mit ausländischen Patienten aufzustocken und extrabudgetäre Einnahmen zu generieren.[399] Dabei gilt es, das Patientenbeziehungsmanagement auf die Anforderungen dieser speziellen Kunden anzupassen und spezielle Marketing-Maßnahmen zu entwickeln.

„Der Klinikwettbewerb von morgen beginnt somit nicht bei den erkrankten Patienten, sondern bei den gesunden Entscheidern.“[400]

---

[394] Vgl. Diller (2006), in: Hippner, Wilde (Hrsg.), S. 100.
[395] Vgl. Weilnhammer (2005), S. 424.
[396] Vgl. Diller (2006), in: Hippner, Wilde (Hrsg.), S. 100.
[397] Vgl. Ennker, Pietrowski (2009), S. 28f.
[398] Vgl. Grether (2008), S. 50.
[399] Vgl. Köksal (2010), S. 22.
[400] Fleige, Phillip (2011), in: Fischer, Sibbel (Hrsg.), S. 126.

Literaturverzeichnis

Aldag, H.-H. (1988): Marketing für Krankenhäuser. Rahmenbedingungen, Problemlösungserfordernisse und konzeptionelle Grundlagen, Göttingen.

Amelung, K.-C.; Asché, P. (1998): Neue Serviceangebote von Patienten gewünscht – aber nicht um jeden Preis, in: Führen und Wirtschaften (f&w), 15. Jg., Heft 3, S. 222-225.

Augurzky, B. et al. (2010): Krankenhaus Rating Report 2010. Licht und Schatten, Heft 67, Rheinisch-Westfälisches Institut für Wirtschaftsforschung (Hrsg.), Essen.

Behar, B. I.; Wichels, R. (2009): Einweisermanagement in Gesundheitsnetzwerken – Ein schmaler Grat zwischen Kooperation und Wettbewerb, in: Amelung, V. E.; Sydow, J.; Windeler, A. (Hrsg.): Vernetzung im Gesundheitswesen. Wettbewerb und Kooperation, Stuttgart, S. 349-358.

Berry, L. L. (1983): Relationship Marketing, in: Berry, L. L.; Shostack, L. G.; Upah, G. D. (Ed.): Emerging perspectives on services marketing, Chicago, S. 25-28.

Böhlke, R.; Söhnle, N.; Viering, S. (2005): Konzentriert Marktorientiert Saniert. Gesundheitsversorgung 2020, Ernst & Young (Hrsg.), Eschborn, Frankfurt am Main.

Brand-Krüger, H. E. (2012): Wohnen im Alter. Gut versorgt im Quartier, in: Deutsches Ärzteblatt, 109. Jg., Heft 8, S. 364-367.

Braun, G. E. (1994): Informationswerbung des Krankenhauses: Kommunikation mit niedergelassenen Ärzten, Diskussionspapier Nr. 2, Neubiberg.

Bruhn, M. (1999): Relationship Marketing – Neustrukturierung der klassischen Marketing-Instrumente durch eine Orientierung an Kundenbeziehungen, in: Grünig, Rudolf (Hrsg.): Strategisches Management und Marketing, Bern, S. 189-217.

Bruhn, M. (2009): Relationship Marketing. Das Management von Kundenbeziehungen, 2. Auflage, München.

Bruhn, M. et al. (2000): Wertorientiertes Relationship Marketing: Vom Kundenwert zum Customer Lifetime Value, in: Die Unternehmung, 54. Jg., Heft 3, S. 167-186.

Bundesministerium für Gesundheit (2012): Patientenrechte. Mündiger Patient, o.O., im Internet erhältlich: http://www.bmg.bund.de/praevention/patientenrechte/muendiger-patient.html (besucht am 18.06.2012).

Cassel, D. (2002): Wettbewerb in der Gesundheitsversorgung: Funktionsbedingungen, Wirkungsweise und Gestaltungsbedarf, in: Arnold, M.; Klauber, J.; Schellschmidt, H. (Hrsg.): Krankenhaus-Report 2002. Schwerpunkt: Krankenhaus im Wettbewerb, Stuttgart, S. 3-20.

Clausen, C. C. (2010): Wertorientiertes Kundenmanagement im Gesundheitswesen. Eine empirische Konzeption zur Optimierung des Wertbeitrages von Patienten für Krankenhausunternehmen, Wiesbaden.

Cornelsen, J. (2000): Kundenwertanalysen im Beziehungsmarketing. Theoretische Grundlegung und Ergebnisse einer empirischen Studie im Automobilbereich.

Cornelsen, J. (2001): Was ist der Kunde wert? Kundenwertanalysen im Beziehungsmarketing am Beispiel von Automobilkäufern, in: Jahrbuch der Absatz- und Verbrauchsforschung, 47. Jg., Heft 1, S. 25-45.

Deutsche Krankenhausgesellschaft (2009): Bestandsaufnahmen zur Krankenhausplanung und Investitionsfinanzierung in den Bundesländern, im Internet erhältlich: http://www.dkgev.de/media/file/6174.RS229-09_Anlage_Bestands aufnahme_2009.pdf (besucht am 04.06.2012).

Deutsche Krankenhausgesellschaft (2010): Folien Krankenhausstatistik, im Internet erhältlich: http://www.dkgev.de/dkg.php/cat/5/title/Statistik (besucht am 04.06.2012).

Deutz, W. (1999): Marketing als Erfolgsfaktor im Krankenhausmanagement, Frankfurt am Main.

Dierks, M.-L.; Martin, S.; Schienkiewitz, A. (2001): Der informierte Patient in den Institutionen des Gesundheitswesens – Partner oder Störfaktor, in: Dierks, M.-L. et al. (Hrsg.): Patientensouveränität – Der autonome Patient im Mittelpunkt, Arbeitsbericht Nr. 195, Institut für Sozialmedizin, Epidemiologie und Gesundheitsforschung, Hannover, S. 89-118.

Dierks, M.-L.; Schwartz, F.-W. (2001): Einführung, in: Dierks, M.-L. et al.: Patientensouveränität – Der autonome Patient im Mittelpunkt, Arbeitsbericht Nr. 195, Institut für Sozialmedizin, Epidemiologie und Gesundheitsforschung, Hannover, S. 1-3.

Diller, H. (2006): Die Bedeutung des Beziehungsmarketing für den Unternehmenserfolg, in: Hippner, H.; Wilde, K. D. (Hrsg.): Grundlagen des CRM – Konzepte und Gestaltung, 2. Auflage, Wiesbaden, S. 98-120.

Eggert, A. (2001): Konzeptionelle Grundlagen des elektronischen Kundenbeziehungsmanagements, in: Eggert, A.; Fassot, G. (Hrsg.): eCRM – Electronic Customer Relationship Management, Stuttgart, S. 87-106.

Ennker, J.; Pietrowski, D. (2009): Krankenhaus-Marketing, ein Wegweiser aus ärztlicher Perspektive, Darmstadt.

Etgeton, S. (2011): Patienten als souveräne Verbraucher – neue Optionen für Patienten, in: Fischer, A.; Sibbel, R. (Hrsg.): Der Patient als Kunde und Konsument, Wieviel Patientensouveränität ist möglich?, Wiesbaden, S. 31-48.

Fischer, M.; Herrmann, A.; Huber, F. (2001): Return on Customer Satisfaction. Wie rentabel sind Maßnahmen zur Steigerung der Zufriedenheit?, in: Zeitschrift für Betriebswirtschaft (ZfB), 71. Jg., Heft 10, S. 1161-1190.

Fleige, G.; Philipp, M. P. (2011): Patientensouveränität als Chance – neue Handlungsspielräume für Krankenhäuser, in: Fischer, A.; Sibbel, R. (Hrsg.): Der Patient als Kunde und Konsument, Wieviel Patientensouveränität ist möglich?, Wiesbaden, S. 105-124.

Fleßa, S.; Weber, W. (2010): Informationsmanagement und Controlling in Krankenhäusern, in: Busse, R.; Schreyögg, J.; Tiemann, O. (Hrsg.): Management im Gesundheitswesen, 2. Auflage, Berlin, Heidelberg, New York, S. 356-372.

Fuchs, W. P. (2003): Warum Krankenhaus-Marketing?, in: Hermanns, P. M.; Hanisch, L. (Hrsg.): Krankenhaus-Marketing im stationären und ambulanten Bereich, Köln, S. 37-51.

Geissler, A.; Wörz, M.; Busse, R. (2010): Deutsche Krankenhauskapazitäten im internationalen Vergleich, in: Klauber, J.; Geraedts, M.; Friedrich, J. (Hrsg.): Krankenhaus-Report 2010. Schwerpunkt: Krankenhausversorgung in der Krise?, Stuttgart, S. 25-40.

Geraedts, M. (2010): Einflussfaktoren auf eine notwendige und sinnvolle Krankenhauszahl, in: Klauber, J.; Geraedts, M.; Friedrich, J. (Hrsg.): Krankenhaus-Report 2010. Schwerpunkt: Krankenhausversorgung in der Krise?, Stuttgart, S. 97-106.

Geraedts, M.; de Cruppé, W. (2011): Wahrnehmung und Nutzung von Qualitätsinformationen durch Patienten, in: Klauber, J. et al. (Hrsg.): Krankenhaus-Report 2011. Schwerpunkt: Qualität durch Wettbewerb, Stuttgart, S. 93-104.

Gouthier, M. H. J. (2001): Der Patient als Partner, in: Kreyher, V. J. (Hrsg.): Handbuch Gesundheits- und Medizinmarketing. Chancen, Strategien und Erfolgsfaktoren, Heidelberg, S. 53-82.

Gouthier, M. H. J. (2006): Neukundenmanagement, in: Hippner, H.; Wilde, K. D. (Hrsg.): Grundlagen des CRM – Konzepte und Gestaltung, 2. Auflage, Wiesbaden, S. 474-507.

Grether, T.(2008): Die Kliniken müssen sich international aufstellen, in: Führen und Wirtschaften (f&w), 25. Jg., Heft 1, S. 50-52.

Günter, B. (2006): Kundenwert – mehr als nur Erlös: Qualitative Bausteine der Kundenbewertung, in: Günter, B.; Helm, S. (Hrsg.): Kundenwert. Grundlagen – Innovative Konzepte – Praktische Umsetzungen, 3. Auflage, Wiesbaden, S. 241-265.

Haas, A. (2006): Interessentenmanagement, in: Hippner, H.; Wilde, K. D. (Hrsg.): Grundlagen des CRM – Konzepte und Gestaltung, 2. Auflage, Wiesbaden, S. 444-471.

Heidelberger Institut für Medizinmarketing (2009): Patientenakquise über das Internet, in: Management und Krankenhaus, Heft 6, S. 4.

Heinrich, D. (2011): Customer Relationship Management im Krankenhaus. Empirische Überprüfung eines Kundenwertmodells für niedergelassene Ärzte, Wiesbaden.

Helm, S.; Günter, B. (2006): Kundenwert – eine Einführung in die theoretischen und praktischen Herausforderungen der Bewertung der Kundenbeziehung, in: Günter, B.; Helm, S. (Hrsg.): Kundenwert. Grundlagen – Innovative Konzepte – Praktische Umsetzungen, 3. Auflage, Wiesbaden, S. 4-38.

Helmig, B.; Graf, A. (2010): Kundenmanagement in Krankenhäusern, in: Busse, R.; Schreyögg, J.; Tiemann, O. (Hrsg.): Management im Gesundheitswesen, 2. Auflage, Berlin, Heidelberg, New York, S. 163-175.

Helmke, S.; Uebel, M. F.; Dangelmaier, W. (2008): Grundsätze des CRM-Ansatzes, in: Helmke, S.; Uebel, M. F.; Dangelmaier, W. (Hrsg.): Effektives Customer-Relationship-Management. Instrumente – Einführungskonzepte – Organisation, 4. Auflage, Wiesbaden, S. 3-24.

Hermanns, P. M.; Kunz, A. R. (2003): Marketing im Krankenhaus, in: Hermanns, P. M.; Hanisch, L. (Hrsg.): Krankenhaus-Marketing im stationären und ambulanten Bereich, Köln, S. 1-35.

Hermanns, P. M.; Poersch, M. (2003): Erfolgreiche Presse- und Öffentlichkeitsarbeit, in: Hermanns, P. M.; Hanisch, L. (Hrsg.): Krankenhaus-Marketing im stationären und ambulanten Bereich, Köln, S. 311-349.

Herrmann, A.; Johnson, M. (1999): Die Kundenzufriedenheit als Bestimmungsfaktor für die Kundenbindung, in: Schmalenbachs Zeitschrift für betriebswirtschaftliche Forschung (zfbf), 51. Jg., Heft 6, S. 579-598.

Hippner, H. (2006): CRM – Grundlagen, Ziele und Konzepte, in: Hippner, H.; Wilde, K. D. (Hrsg.): Grundlagen des CRM – Konzepte und Gestaltung, 2. Auflage, Wiesbaden, S. 15-44.

Hippner, H.; Rentzmann, R.; Wilde, K. D. (2006): Aufbau und Funktionalitäten von CRM-Systemen, in: Hippner, H.; Wilde, K. D. (Hrsg.): Grundlagen des CRM-Konzepte und Gestaltung, 2. Auflage, Wiesbaden, S. 45-74.

Hippner, H.; Wilde, K. D. (2002): CRM – Ein Überblick, in: Helmke, S.; Dangelmaier, W. (Hrsg.): Effektives Customer Relationship Management, 2. Auflage, Wiesbaden, S. 3-37.

InEK (Institut für das Entgeltsystem im Krankenhaus GmbH) (2011): G-DRG. German Diagnosis Related Groups. Version 2012. Definitionshandbuch. Band 1, Siegburg.

Kahl, Stefan; Mittelstaedt, Linda (2007): Strategisches Klinikmarketing, Grundlagen – Konzepte – Instrumente, Hamburg.

Kersting, T.; Pillokat, A. (2006); Medizinische Zusatzleistungen im stationären Bereich - IGeL im Krankenhaus. Rechtliche Rahmenbedingungen, 10 Grundregeln, praktische Beispiele, in: Zeitschrift für ärztliche Fortbildung und Qualität im Gesundheitswesen (ZaeFG), 100. Jg., Heft 9-10, S. 707-712.

Kiehn, G. (2001): Krankenhaus-Marketing, in: Zerres, M.; Zerres, C. (Hrsg.): Gesundheitsmarketing. Analyse ausgewählter Träger des deutschen Gesundheitswesens unter besonderer Berücksichtigung einer Patientensouveränität, München, Mehring, S. 99-142.

Kleinfeld, A. (2002): Menschenorientiertes Krankenhausmanagement, Dissertation, Wiesbaden.

Klinikum Friedrichshafen (o.J.): KomfortPlus, im Internet erhältlich: http://www.klinikum-Friedrichshafen.de/leistungsspektrum/zentren-und-schwerpunkte/pflege/komfortplus.html (besucht am 18.06.2012).

Köksal, M. (2010): Ungenutztes Potenzial internationaler Markt?, in: Führen und Wirtschaften (f&w), 27. Jg., Heft 1, S. 22-23.

Krankenhausentgeltgesetz (KHEntG) vom 23.04.2002 (BGBl. I S. 1412, 1422), zuletzt geändert durch Art. 13 Abs. 21 des Gesetzes vom 12.04.2012 (BGBl. I S. 579).

Krankenhausfinanzierungsgesetz (KHG) vom 29.06.1972, zuletzt geändert durch Art. 13 Abs. 1 des Gesetzes vom 12.04.2012 (BGBl. I S. 579).

Laufer, R.; Mörsch, M. (2011): Aktueller Stand der Investitionsfinanzierungsreform, in: Arzt und Krankenhaus, Heft 3, S. 73-74.

Malzahn, J.; Wehner, C. (2010): Zur Lage der Investitionsfinanzierung der Krankenhäuser – Bestandsaufnahme und Reformbedarf, in: Klauber, J.; Geraedts, M.; Friedrich, J. (Hrsg.): Krankenhaus-Report 2010. Schwerpunkt: Krankenhausversorgung in der Krise?, Stuttgart, S. 107-125.

McCarthy, E. J. (1960): Basic Marketing. A managerial Approach, Irwin.

Meffert, H. (1986): Marketing. Grundlagen der Absatzpolitik, 7. Auflage, Wiesbaden.

Meffert, H. (1998): Marketing. Grundlagen marktorientierter Unternehmensführung. Konzepte – Instrumente – Praxisbeispiele, 8. Auflage, Wiesbaden.

Meffert, H.; Bruhn, M. (2006): Dienstleistungsmarketing. Grundlagen – Konzepte – Methoden, 5. Auflage, Wiesbaden.

Meffert, H.; Bruhn, M. (2009): Dienstleistungsmarketing. Grundlagen – Konzepte – Methoden, 6. Auflage, Wiesbaden.

Mohr, M. T. J.; Schall, T.; Nerlich, M. (2004): Telemedizin, in: Jähn, K.; Nagel, E. (Hrsg.): e-Health, Berlin, Heidelberg, New York, S. 35-47.

Morgan, R. M.; Hunt, S. D. (1994): The Commitment-Trust Theory of Relationship Marketing, in: Journal of Marketing, Vol. 58, No. 3, S. 20-38.

Neubauer, G.; Beivers, A. (2010): Zur Situation der stationären Versorgung: Optimierung unter schwierigen Rahmenbedingungen, in: Klauber, J.; Geraedts, M.; Friedrich, J. (Hrsg.): Krankenhaus-Report 2010. Schwerpunkt: Krankenhausversorgung in der Krise?, Stuttgart, S. 3-12.

Neubauer, G.; Beivers, A.; Paffrath, D. (2011): Die Zukunft der Vergütung von Krankenhausleistungen, in: Klauber, J. et al. (Hrsg.): Krankenhaus-Report 2011. Schwerpunkt: Qualität durch Wettbewerb, Stuttgart, S. 149-160.

Neubauer, G.; Ujlaky, R.; Beivers, A. (2010): Finanzmanagement in Krankenhäusern, in: Busse, R.; Schreyögg, J.; Tiemann, O. (Hrsg.): Management im Gesundheitswesen, 2. Auflage, Berlin, Heidelberg, New York, S. 235-248.

Neudam, A.; Haeske-Seeberg; H. (2011): Qualität als Wettbewerbsparameter des Krankenhauses, in: Klauber, J. et al. (Hrsg.): Krankenhaus-Report 2011. Schwerpunkt: Qualität durch Wettbewerb, Stuttgart, S. 81-91.

Nieschlag, R.; Dichtl, E.; Hörschgen, H. (1994): Marketing, 17. Auflage, Berlin.

Oberreuter, P. (2010): Einweisermanagement und -marketing, in: Debatin, J. F.; Ekkernkamp, A.; Schulte, B. (Hrsg.): Krankenhausmanagement, Strategien, Konzepte, Methoden, Berlin, S. 161-166.

OECD (2011): Health at a Glace 2011. OECD Indicators, im Internet erhältlich: http://www.oecd.org/dataoecd/6/28/49105858.pdf (besucht am 19.06.2012).

Raab, A.; Drissner, A. (2011): Einweiserbeziehungsmanagement. Wie Krankenhäuser erfolgreich Win-Win-Beziehungen zu niedergelassenen Ärzten aufbauen, Stuttgart.

Reschke, J. (2010): Beurteilung des Krankenhauspotenzials aus Sicht einer privaten Klinikkette, in: Klauber, J.; Geraedts, M.; Friedrich, J. (Hrsg.): Krankenhaus-Report 2010. Schwerpunkt: Krankenhausversorgung in der Krise?, Stuttgart, S. 149-163.

Saborowski, G.; Hermanns, P. M. (2003): Das Krankenhaus im Internet: Einsatz moderner Informationstechnologie für Marketing-Zwecke, in: Hermanns, P. M.; Hanisch, L. (Hrsg.): Krankenhaus-Marketing im stationären und ambulanten Bereich, Köln, S. 383-442.

Saßen, F. (2007): Zuweisermarketing mit sektorenübergreifender Kommunikation. Ein Kompendium zur gezielten Einflussnahme auf Patientenströme und transsektorale Versorgungsqualität, Heidelberg.

Schaeffer, D.; Ewers, M. (2001): Ambulantisierung – Konsequenzen für die Pflege, in: G + G Wissenschaft, 1. Jg., Heft 1, S. 13-20.

Schlüchtermann, J. (2002): Die deutschen Kliniken beherrschen den Internet-Auftritt. Eine Evaluation der Web-Sites von knapp 500 Krankenhäusern, in: Führen und Wirtschaften (f&w), 19. Jg., Heft 4, S. 360-366.

Schmutte, A. M. (1998): Total Quality Management im Krankenhaus, Braun, Günther E. (Hrsg.), Wiesbaden.

Schönbach, K.-H.; Wehner, C.; Malzahn, J. (2011): Zur Weiterentwicklung der Bedarfsplanung, in: Klauber, J. et al. (Hrsg.): Krankenhaus-Report 2011. Schwerpunkt: Qualität durch Wettbewerb, Stuttgart, S. 173-196.

Schröder, R. W. (2009): Neue Perspektiven für das Medizincontrolling: Konzeptionen des Patientenwerts, in: Wall, F.; Schröder, R. W. (Hrsg.): Controlling zwischen Shareholder Value und Stakeholder Value, Neue Herausforderungen, Konzepte und Instrumente, München, S. 127-146.

Sibbel, R. (2011): Rahmenbedingungen für mehr Patientensouveränität – das Arzt-Patienten-Verhältnis als Ausgangspunkt, in: Fischer, A.; Sibbel, R. (Hrsg.): Der Patient als Kunde und Konsument, Wieviel Patientensouveränität ist möglich?, Wiesbaden, S. 187-209.

Sozialgesetzbuch (SBG) Fünftes Buch (V) – Gesetzliche Krankenversicherung vom 20.12.1988 (BGBl. I S. 983) zuletzt geändert durch Art 8 des Gesetzes vom 12.04.2012 (BGBl I S. 579).

Statistisches Bundesamt (2012): Gesundheit. Ausgaben. 2010. Fachserie 12, Reihe 7.1.1., Wiesbaden. im Internet erhältlich: https://www.destatis.de/DE/Publikationen/Thematisch/Gesundheit/Gesundheitsausgaben/AusgabenGesundheitPDF_2120711.pdf?__blob=publicationFile (besucht am 19.06.2012).

Stauss, B. (1999): Kundenzufriedenheit, in: Marketing ZFP, 21. Jg., Heft 1, S. 5-24.

Stauss, B. (2000): Perspektivenwandel – Vom Produkt-Lebenszyklus zum Kundenbeziehungsmanagement, in: Thexis, Heft 2, S. 15-18.

Stauss, B. (2006): Grundlagen und Phasen der Kundenbeziehung: Der Kundebeziehungs-Lebenszyklus, in: Hippner, H.; Wilde, K. D. (Hrsg.): Grundlagen des CRM – Konzepte und Gestaltung, 2. Auflage, Wiesbaden, S. 422-442.

Strehlau, H.; Fiebig, M. (2010): Kundenbindungsprogramme für Patienten, in: Debatin, J. F.; Ekkernkamp, A.; Schulte, B. (Hrsg.): Krankenhausmanagement. Strategien, Konzepte, Methoden, Berlin, S. 167-175.

Thommen, J.-P.; Achleitner, A.-K. (2006): Allgemeine Betriebswirtschaftslehre, 5. Auflage, Wiesbaden.

Töpfer, A. (2008): Erfolgsfaktoren, Stolpersteine und Entwicklungsstufen des CRM, in: Töpfer, A. (Hrsg.): Handbuch Kundenmanagement: Anforderungen, Prozesse, Zufriedenheit, Bindung und Wert von Kunden, 3. Auflage, Berlin, Heidelberg, S. 627-650.

Tscheulin, D. K.; Dietrich, M. (2010): Das Management von Kundenbeziehungen, in: Georgi, D.; Hadwich, K. (Hrsg.): Management von Kundenbeziehungen, Perspektiven – Analysen – Strategien – Instrumente, Wiesbaden, S. 252-276.

Tscheulin, D. K.; Helmig, B. (2001): Krankenhausmarketing, in: Tscheulin, D. K.; Helmig, B. (Hrsg.): Branchenspezifisches Marketing. Grundlagen – Besonderheiten – Gemeinsamkeiten, Wiesbaden, S. 401-428.

van Eimeren, B.; Frees, B. (2011): Ergebnisse der ARD/ZDF-Onlinestudie 2011. Drei von vier Deutschen im Netz – Ein Ende des digitalen Grabens in Sicht?, in: Media Perspektiven, Heft 7-8, S. 334-349.

Weigl, P. (2008): Pressekonferenz "Krankenhauslandschaft im Umbruch" am 10. Dezember 2008 in Berlin. Statement von Vizepräsident Peter Weigl, Statistisches Bundesamt (Hrsg.), Wiesbaden.

Weilnhammer, U. (2005): Patient Relationship Management – Möglichkeiten und Grenzen der Wettbewerbsorientierung von Krankenhäusern am Beispiel des Patientenbeziehungsmanagements, Dissertation, Berlin.

Weinberg, P. (2000): Verhaltenswissenschaftliche Aspekte der Kundenbindung, in: Bruhn, M.; Homburg, C. (Hrsg.): Handbuch Kundenbindungsmanagement. Grundlagen – Konzepte – Erfahrungen, 3. Auflage, Wiesbaden, S. 39-53.

Wimmer, F.; Göb, J. (2006): Customer Intelligence: Marktforschung und Kundenanalyse als Informationsgrundlagen im CRM, in: Hippner, H.; Wilde, K. D. (Hrsg.): Grundlagen des CRM – Konzepte und Gestaltung, 2. Auflage, Wiesbaden, S. 400-418.

Wübker, A.; Sauerland, D.; Wübker, A. (2008): Wie Qualitätsinformationen die Krankenhauswahl beeinflussen – eine empirische Untersuchung, Diskussionspapier Nr. 15, Wissenschaftliche Hochschule Lahr (WHL) (Hrsg.), Lahr.